應用紫微
解析人生

李滄之 著

博客思出版社

引心，改運

　　網路有一篇關於心靈掙扎的故事，摘錄如後：「有兩個年輕人，大學畢業後一起到廣州闖天下……甲很快做成一筆大生意，升為部門經理；乙業績很差，還是一個業務員，並且是甲的手下。乙心理不平衡，就去廟裡找和尚，求神明相助。和尚說：『你過三年再看。』。三年後，他找到和尚，很沮喪地說甲現在已經是總經理了。和尚說：『再過三年再看。』三年又過去了，他又去見和尚，氣急敗壞地說：『甲已經自己當老闆了。』。和尚說：『我也從普通和尚升為方丈了。我們都是自己，你是誰？我們都為自己活著，監管著自己的責任，你在幹什麼？你痛苦地為甲活著，監管著他，你丟的不是職位、金錢和面子，你丟掉了自己。』。一年後，乙又來了，幸災樂禍地說：『和尚你不對，甲公司破產，他坐牢了。』和尚無語，心裡悲憫：坐牢了，破產了，甲還是他自己。可是你這個可憐的人啊，還不是你自己呀。十年後，甲在監獄服刑時，思索人生，寫了一本書，很轟動，成了暢銷書。甲減刑，提前出獄，到處見記者，簽名售書，成了名人，無限風光。甲還在電視上與和尚一起，作為名人談經論道、感化眾生。乙在出租屋裡看電視，手裡翻著甲的書，內心極度痛苦。他給和尚發短信：我相信命運了，

甲坐牢都能坐出好風光來。和尚回短信給他：阿彌陀佛，你還沒找到自己。乙就這樣一輩子把自己給弄丟了。你看到別人一路暢通時，心中是否會憤憤不平？看到別人失意落魄時，又是否會幸災樂禍，沾沾自喜？其實別人的好與壞，與你又有什麼關係呢？你需要要做的其實只是自己。」。

真正智慧的人，在人生追求的路上，只有不斷的自我升級，對照別人的一切，不斷的鞭策自己，一路堅持，才能不斷的昇華，實現人生的夢想。一個有靈性的人，突破自我，往往就在一瞬間，這篇文章可以給您當一面鏡子，時常的對照一下自己。

人生本為苦海，每個生命都被劃上一道缺口，有人夫妻恩愛、月入數十萬，卻無子嗣；有人才貌雙全，感情路卻坎坷多厄；有人家財萬貫，子孫卻因財爭訟，滄桑苦難是人生無可避免的功課。

「紫微斗數」分12宮垣（命宮、父母宮、福德宮、田宅宮、事業宮、交友宮、遷移宮、疾厄宮、財帛宮、子女宮、夫妻宮、兄弟宮），涵蓋命主人生的森羅萬象，為研究人命發展而成且極為精密的祿命術數，108顆星曜依生辰八字以安星法分配於12宮垣，一定有宮垣安到吉曜，也有宮垣安到凶曜，不可能有12宮垣都安到吉曜的狀況，正反映前段所述人生面相。

鑑於普羅大眾面臨人生困厄求助「紫微斗數」指點迷津時，江湖術士（神棍）趁機落井下石、詐財騙色；或未學習

透徹，尚一知半解即出來闖蕩江湖，復以錯誤的宿命觀論命誤導命主一生。筆者研究「紫微斗數」多年，希望分享讀者正確的運用「紫微斗數」及幸福的人生智慧。

本書編輯目的計有8大面相：

1.引導進入神秘紫微天地

2.科學觀點剖析紫微

3.掀開江湖術士（神棍）騙術

4.揭櫫正確算命觀念

5.賦與紫微時代意義

6.建構紫微未來展望

7.簡易應用紫微改善人生困惑與苦難

8.引領幸福人生智慧

探索本書開啟智慧；趨吉避凶（命不可改，運可改），最後祝福各位讀者都能擁有圓滿的紫微人生。

目錄

Ｐａｒｔ 1 紫微入門

Ｐａｒｔ 2 紫微應用

Part 3 幸福人生的智慧

電子郵件： frankchou4985@gmail.com

Part 1 紫微入門

第1章 認識紫微

　　紫微斗數據傳為北宋著名修士陳摶所創，簡稱紫微或斗數，為命理界三大神數之首。

　　紫微斗數是以命主農曆出生年、月、日、時為基準，依固定公式排列命盤（計12宮），並將星曜分列各宮位，以推算人生命運。星曜分為北斗、南斗及中天三個系統，紫微斗數中的「斗」就是指南北二斗，「數」則是吉凶的氣數，而紫微星為諸星之首，故稱為「紫微斗數」。

　　紫微斗數後來發展出的派別很多，但以三合派和四化派兩大派別為主。三合派主要依據中洲星系（由14顆主星組成60星系）來推算命運，「紫微星訣」為其論命的主要依據。四化派則依據星系和飛星四化間相互作用推算命局，「斗數秘儀」為其主要的理論依據。

第2章 命盤

2.1 命盤12宮

命盤用以記載人一生命運之軌跡，12地支固定分布於12宮並依安星法（詳第3章）將星曜填入各宮垣即成命盤（圖2.1）。

巳	午	未	申
辰			酉
卯			戌
寅	丑	子	亥

圖2.1 命盤

命宮：用以推斷人的命格及一生運勢高低。

父母宮：父母宮有兩個意義：

1.用以推斷個人和父母的緣份、父母生死存亡病福情況。

2.個人和上司、老闆的關係、狀況。

福德宮：用以推斷個人的思想活動與精神享受。如果和命宮相比，可以說命宮主物質享受、實質運程，福德宮主內心、精神狀況。物質享受好未必精神生活快樂，所以「福德宮」的重要性不下於「命宮」。

田宅宮：用以推斷家宅或服務機構的興衰。

事業宮：用以推斷個人的事業成敗、職場發展機會。

交友（奴僕）宮：用以推斷和下屬的人際關係。

遷移宮：推斷個人利於家鄉發展或離鄉背井的遭遇狀況。如果一個人不斷地遷移（如海員或行商），不株守一地，則應以遷移宮作為命宮來推斷命運運勢，其他宮位則依然不變。

疾厄宮：推斷個人體質上容易罹患的疾病和健康狀況。

財帛宮：推斷一個人一生的財運發展。

子女宮：推斷個人和子女的關係、子女多寡及所提攜門生（下屬）的關係。

夫妻宮：用以推斷個人愛情的情況、夫妻緣份。

兄弟宮：用以推斷個人和兄弟姊妹的緣份、同門（同事）和自己之關係。

2.2 紫微星曜

紫微斗數各星曜分佈於各宮垣內，相聚相會用以推斷一個人基本的運勢。

14正曜：紫微、天機、太陽、武曲、天同、廉貞、天府、太陰、貪狼、巨門、天相、天梁、七殺、破軍

4輔曜：天魁、天鉞、左輔、右弼

4佐曜：文昌、文曲、祿存、天馬

6煞曜：擎羊、陀羅、火星、鈴星、地空、地劫

4化曜：化祿、化權、化科、化忌

雜曜：天傷、天使，天刑、天姚，天哭、天虛，紅鸞、天喜，三台、八座

龍池、鳳閣

孤辰、寡宿，恩光、天貴，天才、天壽，台輔、封誥，天官、天福

蜚廉、破碎

解神，天巫，天月，陰煞，華蓋

咸池，大耗，天空

截空、旬空，天德、月德

龍德，天廚，長生十二神

流曜：博士十二神、將前十二神、歲前十二神

第3章 安星法

3.1 定出洛陽時辰

　　推算紫微斗數，要有正確的出生年、月、日、時，才可以排出命盤，並以中國古代中州洛陽地區時間做為基準，每與洛陽相差經度15度為1小時時差，茲臚列世界主要城市換成洛陽之時差，如表3.1。

城市	換算成洛陽標準時間
洛陽	0
香港	-7分
澳門	-4分
台北	-36分
東京	-1小時49分
大阪	-1小時32分
首爾	-58分
吉隆坡	+43分
仰光	+1小時5分
馬尼拉	-34分
新加坡	+35分
曼谷	+48分
胡志明市	+23分
渥太華	+12小時33分
魁北克	+12小時24分
溫哥華	+15小時42分
洛杉磯	+15小時23分
紐約	+12小時26分
舊金山	+14小時59分
西雅圖	+15小時39分
華盛頓	+12小時38分
倫敦	+7小時30分

表3.1 世界主要城市換成洛陽之時差表

3.2時辰換算

知道洛陽時間後，再依表3.2換成12時辰。

時辰	洛陽標準時間（24小時制）
早子	00：00 - 01：00
丑	01：00 - 03：00
寅	03：00 - 05：00
卯	05：00 - 07：00
辰	07：00 - 09：00
巳	09：00 - 11：00
午	11：：00 - 13：00
未	13：00 - 15：00
申	15：00 - 17：00
酉	17：00 - 19：00
戌	19：00 - 21：00
亥	21：00 - 23：00
晚子	23：00 - 00：00

表3.2　12時辰表

3.3 閏月推算

閏月之前半個月屬前一月份，後半個月屬後一個月份，例如閏8月1日子時至15日亥時，以8月來推算；閏8月16日子時至31日亥時，以9月來推算，生日及時則維持不變。

3.4 十天干、十二地支及其陰陽

10天干為甲、乙、丙、丁、戊、己、庚、辛、壬、癸；12地支為子（鼠）、丑（牛）、寅（虎）、卯（兔）、辰（龍）、巳（蛇）、午（馬）、未（羊）、申（猴）、酉（雞）、戌（狗）、亥（豬）。一天干配一地支，一個循環的干支數為60。因此，中國古代所稱一甲子即60年。

甲、丙、戊、庚、壬屬陽，陽干出生之人，男命為陽男、女命為陽女；乙、丁、己、辛、癸屬陰，陰干出生之人，男命為陰男，女命為陰女。

子、寅、辰、午、申、戌屬陽；丑、卯、巳、未、酉、亥屬陰。

3.5 安星口訣

為幫助初學者起盤，以一男命盤（1983年農曆5月4日10時）為例並以安星訣排盤如後。

1. 預備空白命盤（如圖3.1），命盤中子丑寅卯……等12宮位置永恆不變，順時針方向輪轉為「順行」，逆時針方向輪轉為「逆行」。

巳	午	未	申
辰			酉
卯			戌
寅	丑	子	亥

圖3.1 空白命盤

2.安命身宮：依生月生時安命宮及身宮（表3.3），
如圖3.2。

生時＼生月命身		一月	二月	三月	四月	五月	六月	七月	八月	九月	十月	十一月	十二月
子	命身	寅	卯	辰	巳	午	未	申	酉	戌	亥	子	丑
丑	命	丑	寅	卯	辰	巳	午	未	申	酉	戌	亥	子
	身	卯	辰	巳	午	未	申	酉	戌	亥	子	丑	寅
寅	命	子	丑	寅	卯	辰	巳	午	未	申	酉	戌	亥
	身	辰	巳	午	未	申	酉	戌	亥	子	丑	寅	卯
卯	命	亥	子	丑	寅	卯	辰	巳	午	未	申	酉	戌
	身	巳	午	未	申	酉	戌	亥	子	丑	寅	卯	辰
辰	命	戌	亥	子	丑	寅	卯	辰	巳	午	未	申	酉
	身	午	未	申	酉	戌	亥	子	丑	寅	卯	辰	巳
巳	命	酉	戌	亥	子	丑	寅	卯	辰	巳	午	未	申
	身	未	申	酉	戌	亥	子	丑	寅	卯	辰	巳	午
午	命身	申	酉	戌	亥	子	丑	寅	卯	辰	巳	午	未
未	命	未	申	酉	戌	亥	子	丑	寅	卯	辰	巳	午
	身	酉	戌	亥	子	丑	寅	卯	辰	巳	午	未	申
申	命	午	未	申	酉	戌	亥	子	丑	寅	卯	辰	巳
	身	戌	亥	子	丑	寅	卯	辰	巳	午	未	申	酉
酉	命	巳	午	未	申	酉	戌	亥	子	丑	寅	卯	辰
	身	亥	子	丑	寅	卯	辰	巳	午	未	申	酉	戌
戌	命	辰	巳	午	未	申	酉	戌	亥	子	丑	寅	卯
	身	子	丑	寅	卯	辰	巳	午	未	申	酉	戌	亥
亥	命	卯	辰	巳	午	未	申	酉	戌	亥	子	丑	寅
	身	丑	寅	卯	辰	巳	午	未	申	酉	戌	亥	子

表3.3 安命身宮表

巳	午	未	申
辰	姓名：先生 年齡：33歲 陰男 西曆：1983年6月14日10時 農曆：癸亥年5月4日巳時 盤類：天盤 命局：		酉
卯			戌
寅	命宮 丑	子	身宮 亥

圖3.2

3.定十二宮：依命宮位置順數父母、福德、田宅、
事業、交友、遷移、疾厄、財帛、子女、夫妻、
兄弟安其餘11宮（表3.4），如圖3.3。

命宮	兄弟	夫妻	子女	財帛	疾厄	遷移	交友	事業	田宅	福德	父母
子	亥	戌	酉	申	未	午	巳	辰	卯	寅	丑
丑	子	亥	戌	酉	申	未	午	巳	辰	卯	寅
寅	丑	子	亥	戌	酉	申	未	午	巳	辰	卯
卯	寅	丑	子	亥	戌	酉	申	未	午	巳	辰
辰	卯	寅	丑	子	亥	戌	酉	申	未	午	巳
巳	辰	卯	寅	丑	子	亥	戌	酉	申	未	午
午	巳	辰	卯	寅	丑	子	亥	戌	酉	申	未
未	午	巳	辰	卯	寅	丑	子	亥	戌	酉	申
申	未	午	巳	辰	卯	寅	丑	子	亥	戌	酉
酉	申	未	午	巳	辰	卯	寅	丑	子	亥	戌
戌	酉	申	未	午	巳	辰	卯	寅	丑	子	亥
亥	戌	酉	申	未	午	巳	辰	卯	寅	丑	子

表3.4　安十二宮表

事業 巳	交友 午	遷移 未	疾厄 申
田宅 辰	姓名： 先生 年齡：33歲 　　　陰男 西曆：1983年6月14日10時 農曆：癸亥年5月4日巳時 盤類：天盤 命局：		財帛 酉
福德 卯			子女 戌
父母 寅	命宮 丑	兄弟 子	身宮、夫妻 亥

圖3.3

4.安12宮天干：依生年以五虎遁訣安天干（表
　3.5），如圖3.4。

十二宮＼本生年干	甲 己	乙 庚	丙 辛	丁 壬	戊 癸
寅	丙	戊	庚	壬	甲
卯	丁	己	辛	癸	乙
辰	戊	庚	壬	甲	丙
巳	己	辛	癸	乙	丁
午	庚	壬	甲	丙	戊
未	辛	癸	乙	丁	己
申	壬	甲	丙	戊	庚
酉	癸	乙	丁	己	辛
戌	甲	丙	戊	庚	壬
亥	乙	丁	己	辛	癸
子	丙	戊	庚	壬	甲
丑	丁	己	辛	癸	乙

表3.5　安12宮天干表

事業 丁巳	交友 戊午	遷移 己未	疾厄 庚申
田宅 丙辰	姓名：　先生 年齡：33歲 　　　陰男 西曆：1983年6月14日10時 農曆：癸亥年5月4日巳時 盤類：天盤 命局：		財帛 辛酉
福德 乙卯			子女 壬戌
父母 甲寅	命宮 乙丑	兄弟 甲子	身宮、夫妻 癸亥

圖3.4

5. 定五行局：依生年天干及命宮地支用60納音定五
　行局（表3.6），如圖3.5。

生年天干 命宮	甲 己	乙 庚	丙 辛	丁 壬	戊 癸
子 丑	水二局	火六局	土五局	木三局	金四局
寅 卯	火六局	土五局	木三局	金四局	水二局
辰 巳	木三局	金四局	水二局	火六局	土五局
午 未	土五局	木三局	金四局	水二局	火六局
申 酉	金四局	水二局	火六局	土五局	木三局
戌 亥	火六局	土五局	木三局	金四局	水二局

表3.6　定五行局表

事業 丁巳	交友 戊午	遷移 己未	疾厄 庚申
田宅 丙辰	姓名：　先生 年齡：33歲 陰男 西曆：1983年6月14日10時 農曆：癸亥年5月4日巳時 盤類：天盤 命局：金四局		財帛 辛酉
福德 乙卯			子女 壬戌
父母 甲寅	命宮 乙丑	兄弟 甲子	身宮、夫妻 癸亥

圖3.5

6.起大限：大限由命宮起，陽男陰女順行，陰男陽
女逆行，每10年過1宮限（表3.7），如圖3.6。

84-93 事業 丁巳	74-83 交友 戊午	64-73 遷移 己未	54-63 疾厄 庚申
94-103 田宅 丙辰	姓名： 先生 年齡：33歲 陰男 西曆：1983年6月14日10時 農曆：癸亥年5月4日巳時 盤類：天盤 命局：金四局		44-53 財帛 辛酉
104-113 福德 乙卯			34-43 子女 壬戌
114-123 父母 甲寅	4-13 命宮 乙丑	14-23 兄弟 甲子	24-33 身夫 癸亥

圖3.6

五行局	男女陰陽	命宮	兄弟宮	夫妻宮	子女宮	財帛宮	疾厄宮	遷移宮	交友宮	事業宮	田宅宮	福德宮	父母宮
水二局	陽男陰女	2–11	112–121	102–111	92–101	82–91	72–81	62–71	52–61	42–51	32–41	22–31	12–21
	陰男陽女	2–11	12–21	22–31	32–41	42–51	52–61	62–71	72–81	82–91	92–101	102–111	112–121
木三局	陽男陰女	3–12	113–122	103–112	93–102	83–92	73–82	63–72	53–62	43–52	33–42	23–32	13–22
	陰男陽女	3–12	13–22	23–32	33–42	43–52	53–62	63–72	73–82	83–92	93–102	103–112	113–122
金四局	陽男陰女	4–13	114–123	104–113	94–103	84–93	74–83	64–73	54–63	44–53	34–43	24–33	14–23
	陰男陽女	4–13	14–23	24–33	34–43	44–53	54–63	64–73	74–83	84–93	94–103	104–113	114–123
土五局	陽男陰女	5–14	115–124	105–114	95–104	85–94	75–84	65–74	55–64	45–54	35–44	25–34	15–24
	陰男陽女	5–14	15–24	25–34	35–44	45–54	55–64	65–74	75–84	85–94	95–104	105–114	115–124
火六局	陽男陰女	6–15	116–125	106–115	96–105	86–95	76–85	66–75	56–65	46–55	36–45	26–35	16–25
	陰男陽女	6–15	16–25	26–35	36–45	46–55	56–65	66–75	76–85	86–95	96–105	106–115	116–125

表3.7　起大限表

7.安紫微：依五行局及出生日安紫微星（表3.8），
　如圖3.7。

五行局 生日	水二局	木三局	金四局	土五局	火六局
初一	丑	辰	亥	午	酉
初二	寅	丑	辰	亥	午
初三	寅	寅	丑	辰	亥
初四	卯	巳	寅	丑	辰
初五	卯	寅	子	寅	丑
初六	辰	卯	巳	未	寅
初七	辰	午	寅	子	戌
初八	巳	卯	卯	巳	未
初九	巳	辰	丑	寅	子
初十	午	未	午	卯	巳
十一	午	辰	卯	申	寅
十二	未	巳	辰	丑	卯
十三	未	申	寅	午	亥
十四	申	巳	未	卯	申
十五	申	午	辰	辰	丑
十六	酉	酉	巳	酉	午
十七	酉	午	卯	寅	卯
十八	戌	未	申	未	辰
十九	戌	戌	巳	辰	子
二十	亥	未	午	巳	酉
二十一	亥	申	辰	戌	寅
二十二	子	亥	酉	卯	未
二十三	子	申	午	申	辰
二十四	丑	酉	未	巳	巳
二十五	丑	子	巳	午	丑
二十六	寅	酉	戌	亥	戌
二十七	寅	戌	未	辰	卯
二十八	卯	丑	申	酉	申
二十九	卯	戌	午	午	巳
三十	辰	亥	亥	未	午

表3.8 安紫微表

84-93 事業 丁巳	74-83 交友 戊午	64-73 遷移 己未	54-63 疾厄 庚申
94-103 田宅 丙辰	姓名： 先生 年齡：33歲 　陰男 西曆：1983年6月14日10時 農曆：癸亥年5月4日巳時 盤類：天盤 命局：金四局		44-53 財帛 辛酉
104-113 福德 乙卯			34-43 子女 壬戌
紫微 114-123 父母 甲寅	4-13 命宮 乙丑	14-23 兄弟 甲子	24-33 身夫 癸亥

圖3.7

8.安紫微以下諸曜：依紫微所在宮垣安以下諸曜
（表3.9），如圖3.8。

紫微 諸曜	天機	太陽	武曲	天同	廉貞
子	亥	酉	申	未	辰
丑	子	戌	酉	申	巳
寅	丑	亥	戌	酉	午
卯	寅	子	亥	戌	未
辰	卯	丑	子	亥	申
巳	辰	寅	丑	子	酉
午	巳	卯	寅	丑	戌
未	午	辰	卯	寅	亥
申	未	巳	辰	卯	子
酉	申	午	巳	辰	丑
戌	酉	未	午	巳	寅
亥	戌	申	未	午	卯

表3.9 安紫微以下諸曜表

9.安天府星：依紫微所在宮垣安天府星（表
3.10），如圖3.9。

	廉貞		
84-93 事業 丁巳	74-83 交友 戊午	64-73 遷移 己未	54-63 疾厄 庚申
94-103 田宅 丙辰	姓名： 先生 年齡：33歲 陰男 西曆：1983年6月14日10時 農曆：癸亥年5月4日巳時 盤類：天盤 命局：金四局		天同 44-53 財帛 辛酉
104-113 福德 乙卯			武曲 34-43 子女 壬戌
紫微 114-123 父母 甲寅	天機 4-13 命宮 乙丑	14-23 兄弟 甲子	太陽 24-33 身夫 癸亥

圖3.8

紫微	子	丑	寅	卯	辰	巳	午	未	申	酉	戌	亥
天府	辰	卯	寅	丑	子	亥	戌	酉	申	未	午	巳

表3.10 安天府星表

10.安天府以下諸曜： 依天府所在宮垣安以下諸曜
（表3.11），如圖3.10。

諸曜 天府	太陰	貪狼	巨門	天相	天梁	七殺	破軍
子	丑	寅	卯	辰	巳	午	戌
丑	寅	卯	辰	巳	午	未	亥
寅	卯	辰	巳	午	未	申	子
卯	辰	巳	午	未	申	酉	丑
辰	巳	午	未	申	酉	戌	寅
巳	午	未	申	酉	戌	亥	卯
午	未	申	酉	戌	亥	子	辰
未	申	酉	戌	亥	子	丑	巳
申	酉	戌	亥	子	丑	寅	午
酉	戌	亥	子	丑	寅	卯	未
戌	亥	子	丑	寅	卯	辰	申
亥	子	丑	寅	卯	辰	巳	酉

表3.11 安天府以下諸曜表

		廉貞	
84-93 事業 丁巳	74-83 交友 戊午	64-73 遷移 己未	54-63 疾厄 庚申
94-103 田宅 丙辰	姓名：先生 年齡：33歲 陰男 西曆：1983年6月14日10時 農曆：癸亥年5月4日巳時 盤類：天盤 命局：金四局		天同 44-53 財帛 辛酉
104-113 福德 乙卯			武曲 34-43 子女 壬戌
紫微天府 114-123 父母 甲寅	天機 4-13 命宮 乙丑	太陽 14-23 兄弟 甲子	太陽 24-33 身夫 癸亥

圖3.9

巨門 84-93 事業 丁巳	廉貞天相 74-83 交友 戊午	天梁 64-73 遷移 己未	七殺 54-63 疾厄 庚申
貪狼 94-103 田宅 丙辰	姓名：　先生 年齡：33歲 　陰男 西曆：1983年6月14日10時 農曆：癸亥年5月4日巳時 盤類：天盤 命局：金四局		天同 44-53 財帛 辛酉
太陰 104-113 福德 乙卯			武曲 34-43 子女 壬戌
紫微天府 114-123 父母 甲寅	天機 4-13 命宮 乙丑	破軍 14-23 兄弟 甲子	太陽 24-33 身夫 癸亥

圖3.10

11.安干系諸曜：依出生年干安祿存等星（表
　3.12），如圖3.11。

諸星＼出生年干	祿存	擎羊	陀羅	天魁	天鉞	天官	天福	天廚	截空	
甲	寅	卯	丑	丑	未	未	酉	巳	申	酉
乙	卯	辰	寅	子	申	辰	申	午	午	未
丙	巳	午	辰	亥	酉	巳	子	子	辰	巳
丁	午	未	巳	亥	酉	寅	亥	巳	寅	卯
戊	巳	午	辰	丑	未	卯	卯	午	子	丑
己	午	未	巳	子	申	酉	寅	申	申	酉
庚	申	酉	未	丑	未	亥	午	寅	午	未
辛	酉	戌	申	午	寅	酉	巳	午	辰	巳
壬	亥	子	戌	卯	巳	戌	午	酉	寅	卯
癸	子	丑	亥	卯	巳	午	巳	亥	子	丑

表3.12　安干系諸曜表

巨門　天鉞　天福　84-93 事業　丁巳	廉貞天相　天官　74-83 交友　戊午	天梁　64-73 遷移　己未	七殺　54-63 疾厄　庚申
貪狼　94-103 田宅　丙辰	姓名：先生　年齡：33歲　陰男　西曆：1983年6月14日10時　農曆：癸亥年5月4日巳時　盤類：天盤　命局：金四局		天同　44-53 財帛　辛酉
太陰　天魁　104-113 福德　乙卯			武曲　34-43 子女　壬戌
紫微天府　114-123 父母　甲寅	天機　擎羊　截空　4-13 命宮　乙丑	破軍　祿存　截空　14-23 兄弟　甲子	太陽　陀羅　天廚　24-33 身夫　癸亥

圖3.11

12.安支系諸曜：依出生年支安天馬等星（表 3.13），如圖3.12。

巨門 天鉞天馬 天福天虛 84-93 事業 丁巳	廉貞天相 天官 74-83 交友 戊午	天梁 天哭華蓋 64-73 遷移 己未	七殺 劫煞天德 54-63 疾厄 庚申
貪狼 紅鸞大耗月德 94-103 田宅 丙辰			天同 破碎 44-53 財帛 辛酉
太陰 天魁 龍池 104-113 福德 乙卯			武曲 天喜寡宿天壽 34-43 子女 壬戌
紫微天府 孤辰 114-123 父母 甲寅	天機 擎羊 截空蜚廉 4-13 命宮 乙丑	破軍 祿存 截空天空咸池天才 14-23 兄弟 甲子	太陽 陀羅 天廚鳳閣年解 24-33 身夫 癸亥

圖3.12

諸星／出生年支	天馬	天空	天哭	天虛	龍池	鳳閣	紅鸞	天喜	孤辰	寡宿
子	寅	丑	午	午	辰	戌	卯	酉	寅	戌
丑	亥	寅	巳	未	巳	酉	寅	申	寅	戌
寅	申	卯	辰	申	午	申	丑	未	巳	丑
卯	巳	辰	卯	酉	未	未	子	午	巳	丑
辰	寅	巳	寅	戌	申	午	亥	巳	巳	丑
巳	亥	午	丑	亥	酉	巳	戌	辰	申	辰
午	申	未	子	子	戌	辰	酉	卯	申	辰
未	巳	申	亥	丑	亥	卯	申	寅	申	辰
申	寅	酉	戌	寅	子	寅	未	丑	亥	未
酉	亥	戌	酉	卯	丑	丑	午	子	亥	未
戌	申	亥	申	辰	寅	子	巳	亥	亥	未
亥	巳	子	未	巳	卯	亥	辰	戌	寅	戌

表3.13　安支系諸曜表

諸星 出生年支	蜚廉	破碎	華蓋	咸池	大耗	劫煞	年解	天德	月德	天才	天壽
子	申	巳	辰	酉	未	巳	戌	酉	巳	命宮	由身宮起子，順行，數至本生年支，即安天壽星。
丑	酉	丑	丑	午	午	寅	酉	戌	午	父母	
寅	戌	酉	戌	卯	酉	亥	申	亥	未	福德	
卯	巳	巳	未	子	申	申	未	子	申	田宅	
辰	午	丑	辰	酉	亥	巳	午	丑	酉	事業	
巳	未	酉	丑	午	戌	寅	巳	寅	戌	交友	
午	寅	巳	戌	卯	丑	亥	辰	卯	亥	遷移	
未	卯	丑	未	子	子	申	卯	辰	子	疾厄	
申	辰	酉	辰	酉	卯	巳	寅	巳	丑	財帛	
酉	亥	巳	丑	午	寅	寅	丑	午	寅	子女	
戌	子	丑	戌	卯	巳	亥	子	未	卯	夫妻	
亥	丑	酉	未	子	辰	申	亥	申	辰	兄弟	

表3.13（續）　安支系諸曜表

13.安月系諸曜：依出生月份安左輔等星（表
　　3.14），如圖3.13。

諸星 出生月份	左輔	右弼	天刑	天姚	解神	天巫	天月	陰煞
一月	辰	戌	酉	丑	申	巳	戌	寅
二月	巳	酉	戌	寅	申	申	巳	子
三月	午	申	亥	卯	戌	寅	辰	戌
四月	未	未	子	辰	戌	亥	寅	申
五月	申	午	丑	巳	子	巳	未	午
六月	酉	巳	寅	午	子	申	卯	辰
七月	戌	辰	卯	未	寅	寅	亥	寅
八月	亥	卯	辰	申	寅	亥	未	子
九月	子	寅	巳	酉	辰	巳	寅	戌
十月	丑	丑	午	戌	辰	申	午	申
十一月	寅	子	未	亥	午	寅	戌	午
十二月	卯	亥	申	子	午	亥	寅	辰

表3.14　安月系諸曜表

巨門　天鉞天馬 天福天虛天姚天巫 84-93　事業 丁巳	廉貞天相　右弼 天官陰煞 74-83　交友 戊午	天梁 天哭華蓋天月 64-73　遷移 己未	七殺　左輔 劫煞天德 54-63　疾厄 庚申
貪狼 紅鸞大耗月德 94-103　田宅 丙辰	姓名：先生 年齡：33歲 陰男 西曆：1983年6月14日10時 農曆：癸亥年5月4日巳時 盤類：天盤 命局：		天同 破碎 44-53　財帛 辛酉
太陰　天魁 龍池 104-113　福德 乙卯			武曲 天喜寡宿天壽 34-43　子女 壬戌
紫微天府 孤辰 114-123　父母 甲寅	天機　擎羊 截空蜚廉天刑 4-13　命宮 乙丑	破軍　祿存 截空天空咸池天才解神 14-23　兄弟 甲子	太陽　陀羅 天廚鳳閣年解 24-33　身夫 癸亥

圖3.13

14.安時系諸曜：依出生年支及生時安昌曲等星
（表3.15），如圖3.14。

巨門 天鉞天馬文昌 天福天虛天姚天巫 84-93 事業 丁巳	廉貞天相 右弼 天官陰煞地空 74-83 交友 戊午	天梁 天哭華蓋天月封誥 64-73 遷移 己未	七殺 左輔 劫煞天德 54-63 疾厄 庚申
貪狼 紅鸞大耗月德地劫 94-103 田宅 丙辰	姓名：先生 年齡：33歲 陰男 西曆：1983年6月14日10時 農曆：癸亥年5月4日巳時 盤類：天盤 命局：金四局		天同 文曲 破碎 44-53 財帛 辛酉
太陰 天魁鈴星 龍池 104-113 福德 乙卯			武曲 天喜寡宿天壽 34-43 子女 壬戌
紫微天府 火星 孤辰 114-123 父母 甲寅	天機 擎羊 截空蜚廉天刑 4-13 命宮 乙丑	破軍 祿存 截空天空咸池天才解神 14-23 兄弟 甲子	太陽 陀羅 天廚鳳閣年解台輔 24-33 身夫 癸亥

圖3.14

出生年支 諸星 本生時	文昌	文曲	寅午戌		申子辰		巳酉丑		亥卯未		地劫	地空	台輔	封誥
			火星	鈴星	火星	鈴星	火星	鈴星	火星	鈴星				
子	戌	辰	丑	卯	寅	戌	卯	戌	酉	戌	亥	亥	午	寅
丑	酉	巳	寅	辰	卯	亥	辰	亥	戌	亥	子	戌	未	卯
寅	申	午	卯	巳	辰	子	巳	子	亥	子	丑	酉	申	辰
卯	未	未	辰	午	巳	丑	午	丑	子	丑	寅	申	酉	巳
辰	午	申	巳	未	午	寅	未	寅	丑	寅	卯	未	戌	午
巳	巳	酉	午	申	未	卯	申	卯	寅	卯	辰	午	亥	未
午	辰	戌	未	酉	申	辰	酉	辰	卯	辰	巳	巳	子	申
未	卯	亥	申	戌	酉	巳	戌	巳	辰	巳	午	辰	丑	酉
申	寅	子	酉	亥	戌	午	亥	午	巳	午	未	卯	寅	戌
酉	丑	丑	戌	子	亥	未	子	未	午	未	申	寅	卯	亥
戌	子	寅	亥	丑	子	申	丑	申	未	申	酉	丑	辰	子
亥	亥	卯	子	寅	丑	酉	寅	酉	申	酉	戌	子	巳	丑

表3.15 安時系諸曜表

15.安日系諸曜：三台、八座、恩光、天貴依表3.16
　　安星，如圖3.15。

安星方法	三台	八座	恩光	天貴
	由左輔所坐的宮位起初一，順行，數到本生日。	由右弼所坐的宮位起初一，逆行，數到本生日。	由文昌所坐的宮位起初一，順行，數到本生日再退後一步。	由文曲所坐的宮位起初一，順行，數到本生日再退後一步。

表3.16　安日系諸曜表

巨門 天鉞天馬文昌 天福天虛天姚天巫 84-93 事業 丁巳	廉貞天相 右弼 天官陰煞地空 74-83 交友 戊午	天梁 天哭華蓋天月封誥恩光 64-73 遷移 己未	七殺 左輔 劫煞天德 54-63 疾厄 庚申
貪狼 紅鸞大耗月德地劫 94-103 田宅 丙辰	姓名：先生 年齡：33歲 陰男 西曆：1983年6月14日10時 農曆：癸亥年5月4日巳時 盤類：天盤 命局：金四局		天同 文曲 破碎 44-53 財帛 辛酉
太陰 天魁鈴星 龍池八座 104-113 福德 乙卯			武曲 天喜寡宿天壽 34-43 子女 壬戌
紫微天府 火星 孤辰 114-123 父母 甲寅	天機 擎羊 截空蜚廉天刑 4-13 命宮 乙丑	破軍 祿存 截空天空咸池天才解神 14-23 兄弟 甲子	太陽 陀羅 三台天貴 天廚鳳閣年解台輔 24-33 身夫 癸亥

圖3.15

16.安四化星：依年干安四化星（表3.17），如圖
　　3.16。

年干	化祿	化權	化科	化忌
甲	廉貞	破軍	武曲	太陽
乙	天機	天梁	紫微	太陰
丙	天同	天機	文昌	廉貞
丁	太陰	天同	天機	巨門
戊	貪狼	太陰	太陽	天機
己	武曲	貪狼	天梁	文曲
庚	太陽	武曲	天府	天同
辛	巨門	太陽	文曲	文昌
壬	天梁	紫微	天府	武曲
癸	破軍	巨門	太陰	貪狼

表3.17 安四化星表

巨門 權	廉貞天相	天梁	七殺
天鉞天馬文昌	右弼		左輔
天福天虛天姚天巫	天官陰煞地空	天哭華蓋天月封誥恩光	劫煞天德
84-93 事業	74-83 交友	64-73 遷移	54-63 疾厄
丁巳	戊午	己未	庚申
貪狼 忌	姓名：先生 年齡：33歲 陰男 西曆：1983年6月14日10時 農曆：癸亥年5月4日巳時 盤類：天盤 命局：金四局		天同
紅鸞大耗月德地劫			文曲 破碎
94-103 田宅			44-53 財帛
丙辰			辛酉
太陰 科			武曲
天魁鈴星			
龍池八座			天喜寡宿天壽
104-113 福德			34-43 子女
乙卯			壬戌
紫微天府	天機	破軍 祿	太陽
火星	擎羊	祿存	陀羅 三台天貴
孤辰	截空蜚廉天刑	截空天空咸池天才解神	天廚鳳閣年解台輔
114-123 父母	4-13 命宮	14-23 兄弟	24-33 身夫
甲寅	乙丑	甲子	癸亥

圖3.16

17.安長生十二神：依五行局安星（表3.18），如圖
　　3.17。

巨門 權	廉貞天相	天梁	七殺
天鉞天馬文昌	右弼		左輔
天福天虛天姚天巫	天官陰煞地空	天哭華蓋天月封誥恩光	劫煞天德
84-93 事業	74-83 交友	64-73 遷移	54-63 疾厄
長生 丁巳	養 戊午	胎 己未	絕 庚申
貪狼 忌	姓名：先生		天同
	年齡：33歲		文曲
紅鸞大耗月德地劫	陰男		破碎
94-103 田宅	西曆：1983年6月14日10時		44-53 財帛
沐浴 丙辰	農曆：癸亥年5月4日巳時		墓 辛酉
太陰 科	盤類：天盤		武曲
天魁鈴星	命局：金四局		
龍池八座			天喜寡宿天壽
104-113 福德			34-43 子女
冠帶 乙卯			死 壬戌
紫微天府	天機	破軍 祿	太陽
火星	擎羊	祿存	陀羅
			三台天貴
孤辰	截空蜚廉天刑	截空天空咸池天才解神	天廚鳳閣年解台輔
114-123 父母	4-13 命宮	14-23 兄弟	24-33 身夫
臨官 甲寅	帝旺 乙丑	衰 甲子	病 癸亥

圖3.17

五行局	順逆	長生	沐浴	冠帶	臨官	帝旺	衰	病	死	墓	絕	胎	養
水二局	陽男陰女	申	酉	戌	亥	子	丑	寅	卯	辰	巳	午	未
	陰男陽女		未	午	巳	辰	卯	寅	丑	子	亥	戌	酉
木三局	陽男陰女	亥	子	丑	寅	卯	辰	巳	午	未	申	酉	戌
	陰男陽女		戌	酉	申	未	午	巳	辰	卯	寅	丑	子
金四局	陽男陰女	巳	午	未	申	酉	戌	亥	子	丑	寅	卯	辰
	陰男陽女		辰	卯	寅	丑	子	亥	戌	酉	申	未	午
土五局	陽男陰女	申	酉	戌	亥	子	丑	寅	卯	辰	巳	午	未
	陰男陽女		未	午	巳	辰	卯	寅	丑	子	亥	戌	酉
火六局	陽男陰女	寅	卯	辰	巳	午	未	申	酉	戌	亥	子	丑
	陰男陽女		丑	子	亥	戌	酉	申	未	午	巳	辰	卯

表3.18 安長生十二神表

18.安博士十二星：從祿存起，陽男陰女順行，陰
男陽女逆行（表3.19），如圖3.18。

祿存	博士
陽男陰女順行，陰男陽女逆行 不分男女皆從祿存起，	力士
	青龍
	小耗
	將軍
	奏書
	蜚廉
	喜神
	病符
	大耗
	伏兵
	官府

表3.19 安博士十二星表

巨門 權 天鉞天馬文昌 天福天虛天姚天巫喜神 84-93 事業 長生 丁巳	廉貞天相 右弼 天官陰煞地空蜚廉 74-83 交友 養 戊午	天梁 奏書 天哭華蓋天月封誥恩光 64-73 遷移 胎 己未	七殺 左輔 劫煞天德將軍 54-63 疾厄 絕 庚申
貪狼 忌 紅鸞大耗月德地劫病符 94-103 田宅 沐浴 丙辰	姓名：先生 年齡：33歲 陰男 西曆：1983年6月14日10時 農曆：癸亥年5月4日巳時 盤類：天盤 命局：金四局		天同 文曲 破碎小耗 44-53 財帛 墓 辛酉
太陰 科 天魁鈴星 龍池八座大耗 104-113 福德 冠帶 乙卯			武曲 天喜寡宿天壽青龍 34-43 子女 死 壬戌
紫微天府 火星 孤辰伏兵 114-123 父母 臨官 甲寅	天機 擎羊 截空蜚廉天刑官府 4-13 命宮 帝旺 乙丑	破軍 祿 祿存 博士 截空天空咸池天才解神 14-23 兄弟 衰 甲子	太陽 陀羅 三台天貴 天廚鳳閣年解台輔力士 24-33 身夫 病 癸亥

圖3.18

19.安太歲十二神：依年支安星（表3.20），如圖
3.19。

諸星 歲支	歲建	晦氣	喪門	貫索	官符	小耗	歲破	龍德	白虎	天德	吊客	病符
子	子	丑	寅	卯	辰	巳	午	未	申	酉	戌	亥
丑	丑	寅	卯	辰	巳	午	未	申	酉	戌	亥	子
寅	寅	卯	辰	巳	午	未	申	酉	戌	亥	子	丑
卯	卯	辰	巳	午	未	申	酉	戌	亥	子	丑	寅
辰	辰	巳	午	未	申	酉	戌	亥	子	丑	寅	卯
巳	巳	午	未	申	酉	戌	亥	子	丑	寅	卯	辰
午	午	未	申	酉	戌	亥	子	丑	寅	卯	辰	巳
未	未	申	酉	戌	亥	子	丑	寅	卯	辰	巳	午
申	申	酉	戌	亥	子	丑	寅	卯	辰	巳	午	未
酉	酉	戌	亥	子	丑	寅	卯	辰	巳	午	未	申
戌	戌	亥	子	丑	寅	卯	辰	巳	午	未	申	酉
亥	亥	子	丑	寅	卯	辰	巳	午	未	申	酉	戌

表3.20　安流年太歲十二神表

巨門　權 天鉞天馬文昌 歲破 天福天虛天姚天巫天喜神 84-93 事業 長生　丁巳	廉貞天相 右弼 天官陰煞地空蜚廉龍德 74-83 交友 養　戊午	天梁 奏書白虎 天哭華蓋天月封誥恩光 64-73 遷移 胎　己未	七殺 左輔 劫煞天德將軍 54-63 疾厄 絕　庚申
貪狼　忌 小耗 紅鸞大耗月德地劫病符 94-103 田宅 沐浴　丙辰	姓名：先生 年齡：33歲 陰男 西曆：1983年6月14日10時 農曆：癸亥年5月4日巳時 盤類：天盤 命局：金四局		天同 文曲 破碎小耗吊客 44-53 財帛 墓　辛酉
太陰　科 天魁鈴星 龍池八座大耗官符 104-113 福德 冠帶　乙卯			武曲 天喜寡宿天壽青龍病符 34-43 子女 死　壬戌
紫微天府 火星 孤辰伏兵貫索 114-123 父母 臨官　甲寅	天機 擎羊 截空蜚廉天刑官府喪門 4-13 命宮 帝旺　乙丑	破軍　祿 祿存 博士晦氣 截空天空咸池天才解神 14-23 兄弟 衰　甲子	太陽 陀羅 三台天貴太歲 天廚鳳閣年解台輔力士 24-33 身夫 病　癸亥

圖3.19

20.安將前諸星：依年支安星（表3.21），如圖
　　3.20。

諸星 年支	將星	攀鞍	歲驛	息神	華蓋	劫煞	災煞	天煞	指背	咸池	月煞	亡神
寅午戌	午	未	申	酉	戌	亥	子	丑	寅	卯	辰	巳
申子辰	子	丑	寅	卯	辰	巳	午	未	申	酉	戌	亥
巳酉丑	酉	戌	亥	子	丑	寅	卯	辰	巳	午	未	申
亥卯未	卯	辰	巳	午	未	申	酉	戌	亥	子	丑	寅

表3.21 安流年將前諸星表

巨門 權 天鉞天馬文昌 歲破歲驛 天福天虛天姚天巫天喜神 84-93 事業 長生 丁巳	廉貞天相 右弼 息神 天官陰煞地空蜚廉龍德 74-83 交友 養 戊午	天梁 奏書白虎 天哭華蓋天月封誥恩光 64-73 遷移 胎 己未	七殺 左輔 劫煞天德將軍 54-63 疾厄 絕 庚申
貪狼 忌 小耗攀鞍 紅鸞大耗月德地劫病符 94-103 田宅 沐浴 丙辰	姓名：先生 年齡：33歲 陰男 西曆：1983年6月14日10時 農曆：癸亥年5月4日巳時 盤類：天盤 命局：金四局		天同 文曲 破碎小耗吊客災煞 44-53 財帛 墓 辛酉
太陰 科 天魁鈴星 龍池八座大耗官符將星 104-113 福德 冠帶 乙卯			武曲 天煞 天喜寡宿天壽青龍病符 34-43 子女 死 壬戌
紫微天府 火星 孤辰伏兵貫索亡神 114-123 父母 臨官 甲寅	天機 擎羊 月煞 截空蜚廉天刑官府喪門 4-13 命宮 帝旺 乙丑	破軍 祿 祿存 博士晦氣 截空天空咸池天才解神 14-23 兄弟 衰 甲子	太陽 陀羅 三台天貴太歲指背 天廚鳳閣年解台輔力士 24-33 身夫 病 癸亥

圖3.20

21.安旬空：依出生年干支順數至癸後2位（表
　　3.22），如圖3.21。

年干	年支					
甲	子	戌	申	午	辰	寅
乙	丑	亥	酉	未	巳	卯
丙	寅	子	戌	申	午	辰
丁	卯	丑	亥	酉	未	巳
戊	辰	寅	子	戌	申	午
己	巳	卯	丑	亥	酉	未
庚	午	辰	寅	子	戌	申
辛	未	巳	卯	丑	亥	酉
壬	申	午	辰	寅	子	戌
癸	酉	未	巳	卯	丑	亥
旬空	戌	申	午	辰	寅	子
旬空	亥	酉	未	巳	卯	丑

表3.22 安旬宮表

巨門　權	廉貞天相	天梁	七殺
天鉞天馬文昌	右弼		左輔
歲破歲驛	息神	奏書白虎	
天福天虛天姚天巫喜神	天官陰煞地空蜚廉龍德	天哭華蓋天月封誥恩光	劫煞天德將軍
84-93 事業	74-83 交友	64-73 遷移	54-63 疾厄
長生 丁巳	養 戊午	胎 己未	絕 庚申

貪狼　忌	姓名：先生		天同
小耗攀鞍	年齡：33歲		文曲
	陰男		破碎小耗吊客災煞
紅鸞大耗月德地劫病符	西曆：1983年6月14日10時		44-53 財帛
94-103 田宅	農曆：癸亥年5月4日巳時		墓 辛酉
沐浴 丙辰	盤類：天盤		
太陰　科	命局：金四局		武曲
天魁鈴星			天煞
龍池八座大耗官符將星			天喜寡宿天壽青龍病符
104-113 福德			34-43 子女
冠帶 乙卯			死 壬戌

紫微天府	天機	破軍　祿	太陽
火星	擎羊	祿存	陀羅
	月煞旬空	博士晦氣旬空	三台天貴太歲指背
孤辰伏兵貫索亡神	截空蜚廉天刑官府喪門	截空天空咸池天才解神	天廚鳳閣年解台輔力士
114-123 父母	4-13 命宮	14-23 兄弟	24-33 身夫
臨官 甲寅	帝旺 乙丑	衰 甲子	病 癸亥

圖3.21

22.安諸星廟陷：十四正曜廟陷依表3.23，如圖
　　3.22；輔曜佐曜依表3.24；六煞曜依表3.25；四
　　化曜依表3.26。

星名\宮位	紫微	天機	太陽	武曲	天同	廉貞	天府	太陰	貪狼	巨門	天相	天梁	七殺	破軍
子	平	廟	陷	旺	旺	平	廟	廟	旺	旺	廟	廟	旺	廟
丑	廟	陷	陷	廟	陷	旺	廟	廟	廟	旺	廟	旺	廟	旺
寅	廟	旺	旺	閑	閑	廟	廟	閑	平	廟	廟	廟	廟	陷
卯	旺	旺	廟	陷	廟	閑	平	陷	平	廟	陷	廟	陷	旺
辰	陷	廟	旺	廟	平	旺	廟	閑	廟	平	旺	旺	旺	旺
巳	旺	平	旺	平	廟	陷	平	陷	陷	平	平	陷	平	閑
午	廟	廟	廟	旺	陷	平	旺	陷	旺	旺	旺	廟	旺	廟
未	廟	陷	平	廟	陷	廟	廟	平	廟	陷	閑	旺	旺	廟
申	旺	平	閑	平	旺	廟	平	平	平	廟	廟	陷	廟	陷
酉	平	旺	閑	旺	平	平	陷	旺	平	廟	陷	地	閑	陷
戌	閑	廟	陷	廟	平	旺	廟	旺	廟	旺	閑	旺	廟	旺
亥	旺	平	陷	平	廟	陷	旺	廟	陷	旺	平	陷	平	平

表3.23　十四正曜廟陷表

巨門（平）權	廉貞（平）天相（旺）	天梁（旺）	七殺（廟）
天鉞天馬文昌	右弼		左輔
歲破歲驛	息神	奏書白虎	
天福天虛天姚天巫喜神	天官陰煞地空蜚廉龍德	天哭華蓋天月封誥恩光	劫煞天德將軍
84-93 事業	74-83 交友	64-73 遷移	54-63 疾厄
長生 丁巳	養 戊午	胎 己未	絕 庚申
貪狼（廟）忌	姓名：先生		天同（平）
小耗攀鞍	年齡：33歲		文曲
紅鸞大耗月德地劫病符	陰男		破碎小耗吊客災煞
94-103 田宅	西曆：1983年6月14日10時		44-53 財帛
沐浴 丙辰	農曆：癸亥年5月4日巳時		墓 辛酉
太陰（陷）科	盤類：天盤		武曲（廟）
天魁鈴星	命局：金四局		天煞
龍池八座大耗官符將星			天喜寡宿天壽青龍病符
104-113 福德			34-43 子女
冠帶 乙卯			死 壬戌
紫微（廟）天府（廟）	天機（陷）	破軍（廟）祿	太陽（陷）
火星	擎羊	祿存	陀羅
	月煞旬空	博士晦氣旬空	三台天貴太歲指背
孤辰伏兵貫索亡神	截空蜚廉天刑官府喪門	截空天空咸池天才解神	天廚鳳閣年解台輔力士
114-123 父母	4-13 命宮	14-23 兄弟	24-33 身夫
臨官 甲寅	帝旺 乙丑	衰 甲子	病 癸亥

圖3.22

星名 宮位	天魁	天鉞	左輔	右弼	文昌	文曲	祿存	天馬
子	旺	/	旺	廟	旺	廟	旺	/
丑	旺	/	廟	廟	廟	廟	/	/
寅	/	旺	廟	旺	陷	平	廟	旺
卯	廟	/	陷	陷	平	旺	旺	/
辰	/	/	廟	廟	旺	廟	/	/
巳	/	旺	平	平	廟	廟	廟	平
午	廟	/	旺	旺	陷	陷	旺	/
未	/	旺	廟	廟	平	旺	/	/
申	/	廟	平	閑	旺	平	廟	旺
酉	/	廟	陷	陷	廟	廟	旺	/
戌	/	/	廟	廟	陷	陷	/	/
亥	旺	/	閑	平	旺	旺	廟	平

表3.24　輔曜佐曜廟陷表

星名 宮位	擎羊	陀羅	火星	鈴星	地空	地劫
子	陷	/	平	陷	平	陷
丑	廟	廟	旺	陷	陷	陷
寅	/	陷	廟	廟	陷	平
卯	陷	/	平	廟	平	平
辰	廟	廟	閑	旺	陷	陷
巳	/	陷	旺	旺	廟	閑
午	平	/	廟	廟	廟	廟
未	廟	廟	閑	旺	平	平
申	/	陷	陷	旺	廟	廟
酉	陷	/	陷	陷	廟	平
戌	廟	廟	廟	廟	陷	平
亥	/	陷	平	廟	陷	旺

表3.25　六煞曜廟陷表

宮位＼星名	化祿	化權	化科	化忌
子	平	閒	旺	旺
丑	廟	廟	旺	廟
寅	平	旺	旺	陷
卯	陷	旺	廟	旺
辰	廟	平	廟	閒
巳	平	平	閒	陷
午	平	廟	廟	陷
未	廟	旺	旺	旺
申	廟	旺	廟	陷
酉	平	平	平	陷
戌	廟	廟	旺	陷
亥	廟	旺	旺	陷

表3.26 四化曜廟陷表

23.安流曜：用於大限、流年的星曜有流昌、流
　曲、流魁、流鉞、流祿、流馬、流羊、流陀、
　流四化。其中「魁、鉞、祿、馬、羊、陀」及
　四化的起法與天盤起星法相同，「昌曲」則依
　流年天干安星（如表3.27）。

流年	流昌	流曲
甲	巳	酉
乙	午	申
丙	申	午
丁	酉	巳
戊	申	午
己	酉	巳
庚	亥	卯
辛	子	寅
壬	寅	子
癸	卯	亥

表3.27 流昌、流曲表

第4章 常用術語

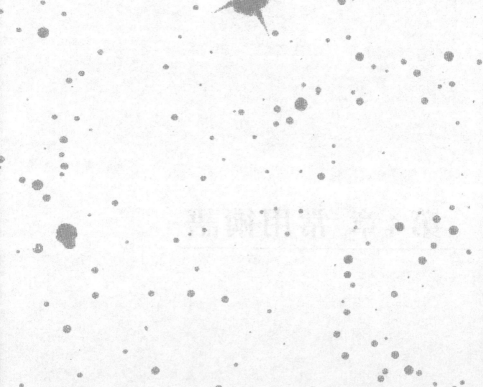

　　為方便讀者閱讀以下章節或一般紫微書籍，茲臚列常用術語如下：

1.本宮：即主事的宮垣。

2.對宮：與本宮相對的宮垣。

3.合宮：與本宮成三合關係的宮垣。

4.鄰宮：相夾本宮的兩個宮垣。

5.三方：本宮及合宮，稱「三方」。

6.四正：三方加上對宮，稱「四正」。

7.坐守：正曜入本宮，稱「坐守」。

8.同度：星曜同纏一宮。

9.會照：星曜見於三合宮。

10.拱照：星曜見於對宮，稱「拱照」。

11.相夾：兩星曜位於本宮的鄰宮，稱「相夾」。

12.見：凡星曜會合於三方四正，稱「見」。

13.沖：凡煞忌諸曜見於三方四正，稱「沖」。

14.入廟：星曜處於最佳狀態。

15.坐旺：星曜狀態雖不如入廟時之佳，但星曜依然有力。

16.落陷：星曜處於最不適宜的環境，以致吉曜無

力，凶曜增凶。

17.平閑：星曜的宮垣屬於中性。

18.借星：凡本宮無正曜，則借對宮星曜入本宮推
算，稱「借星」。

19.正曜：指紫微、天機、太陽、武曲、天同、廉
貞、天府、太陰、貪狼、巨門、天相、天梁、
七殺、破軍等14曜。

20.輔曜：指左輔、右弼；天魁、天鉞四曜。

21.佐曜：指文昌、文曲；祿存、天馬四曜。

22.煞曜：指火星、鈴星；擎羊、陀羅四曜，又稱
「四煞」。包括地空、地劫在內，則稱「六
煞」。

23.化曜：指化祿、化權、化科、化忌四曜。

24.刑曜：指擎羊及天刑。

25.忌曜：指化忌及陀羅。

26.空劫：指地空、地劫二曜。

27.空曜：指空劫、天空、截空、旬空。

28.桃花諸曜：指紅鸞、天喜；咸池、大耗；天
姚、沐浴6曜。

29.文曜：指化科；文昌、文曲；天才；龍池、鳳

閣6曜。

30. 科名諸曜：除上述諸文曜外，加上三台、八座；恩光、天貴；台輔、封誥；天官、天福8曜。

31. 垣：即是宮的別名。

32. 殺破狼：指七殺、破軍、貪狼3曜。

33. 日月：指太陽、太陰2正曜。

34. 百官朝拱：主星受諸星曜三方四正會合或相夾，稱「百官朝拱」，百官分為正曜及輔佐雜曜2類。正曜須天府天相始為合格；雜曜以三台、八座；恩光、天貴；台輔、封誥；龍池、鳳閣；天福、天壽始為合格。

35. 府相朝垣：主星受天府天相朝拱，稱「府相朝垣」。

36. 君臣慶會：寅申宮紫微天府同度會天魁、天鉞、文昌、文曲、左輔、右弼，稱「君臣慶會」。

36. 在野孤君：紫微無百官朝拱且落陷，稱「在野孤君」。

37. 祿馬交馳：宮垣同會祿存（或化祿）、天馬諸曜，稱「祿馬交馳」。

38.旭日東升：太陽於卯宮入廟，稱「旭日東升」。

39.日麗中天：太陽於午宮入廟，稱「日麗中天」。

40.馬頭帶劍：天同在午宮與擎羊同度或會合，稱「馬頭帶劍」。

41.火貪格：貪狼與火星同度，稱「火貪格」。

42.鈴貪格：貪狼與鈴星同度，稱「鈴貪格」。

43.泛水桃花：貪狼在子宮與擎羊同度或在亥宮與陀羅同度，稱「泛水桃花」。

44.風流綵杖：貪狼在寅宮與陀羅同度或會天刑、擎羊，稱「風流綵杖」。

45.木逢金制：貪狼在申宮（貪狼屬木，申宮屬金），稱「木逢金制」。

46.木火通明：貪狼在午宮（貪狼屬木，午宮屬火），稱「木火通明」。

47.石中隱玉：巨門獨坐子午、化祿、化權，稱「石中隱玉」。

48.天闕：巨門受廟旺太陽會照，稱「天闕」。

49.財蔭夾印：天相受化祿及天梁相夾。

50.刑忌夾印：天相受擎羊及化忌相夾或天梁及化
　　忌相夾。另若天相會煞忌刑曜且受擎羊陀羅夾
　　亦成此格。

51.陽梁昌祿格：太陽天梁安命有祿存（或化祿）
　　及文昌同度，稱「陽梁昌祿格」。

52.日照雷門：太陽天梁在卯宮同度，稱「日照雷
　　門」。

53.日月並明：太陽在辰宮安命，對宮太陰，2者皆
　　入旺宮，為「日月並明」。

54.日月反背：太陽在戌宮安命，對宮太陰，2者皆
　　入陷宮，稱「日月反背」。

55.機月同梁格：天機太陰（天同天梁）在寅申2宮
　　同度，會天同、天梁（天機太陰）或天機天梁
　　在辰戌二宮同度會天同太陰，稱「機月同梁」
　　格。

56.明珠出海格：未宮安命無正曜，借丑宮天同巨
　　門安宮，稱「明珠出海格」。

57.雄宿乾元格：七殺廉貞於未宮同度或七殺在午
　　宮守命，廉貞在申宮守福德，稱「雄宿乾元
　　格」。

58.七殺仰斗：七殺獨坐寅宮，對宮紫微天府，稱

「七殺仰斗」。

59.七殺朝斗：七殺獨坐申宮，對宮紫微天府，稱「七殺朝斗」。

60.空庫：天府與地空、天空同度，稱「空庫」。

61.露庫：天府與四煞交會或所會天相不吉，稱天府為「露庫」。

62.英星入廟格：破軍化權守子午，無煞忌會照，對宮廉貞化祿並會輔佐諸曜，稱「英星入廟格」。

64.祿合鴛鴦：夫妻宮見祿存，會化祿，稱「祿合鴛鴦」。

65.刑囚會鈴格：廉貞化忌，擎羊同度，更見鈴星，稱「刑囚會鈴格」。

66.廉殺羊鈴格：廉貞七殺，有擎羊同度，會鈴星，稱「廉殺羊鈴格」。

第5章 星盤推斷

5.1 從單星到星系

　　紫微108顆星曜，各有其獨特的基本性質，當雙星同宮時，並不是單純將兩顆星曜性質加起來，雙星同宮會產生另一獨特的性質。星曜坐落不同宮垣會合其他星曜，形成更複雜的星系性質。

　　星無好壞，具屬中性，以整個星系搭配為準。不過，要進一步掌握雙星或星系性質，還是要先理解單星的基本性質，有如學習英文要先學會26個字母，才能進一步學習單字、片語的意義一樣。

5.2 星曜、星系位不同宮垣的實際意義

　　當星曜星系位不同宮垣，如紫微守命宮與同樣紫微守夫妻宮、子女宮、兄弟宮、事業宮……，因人生面相不同，其反映的實際意義也不一樣，讀者應仔細思索、融會貫通，才不會張冠李戴。

5.3 借星安宮

　　當一個宮垣沒有正曜時，必須借對宮的正曜入本宮，稱

「借星安宮」。「借星安宮」時，必須將所借宮垣的星曜全部借入，不是僅借正曜而已。

當尋找一個宮垣「三方四正」時，如果「三方四正」有宮垣無正曜坐守，則一樣須向其對宮「借星安宮」，其原則同上段說明。

5.4 星盤須綜合觀察

推斷命盤並不是僅針對個別宮垣如「命宮」、「夫妻宮」、「事業宮」觀察其三方四正而已，這種推斷容易以偏概全、支離破碎。例如「命宮」三方四正星系顯示物質享受、財富事業的運程；「福德宮」三方四正顯示思想活動、精神享受，兩個宮垣性質都好，運程才算真正順利。推斷愛情情況、夫妻緣份也不是僅觀察夫妻宮，一樣要綜合命宮、福德宮，一起觀察才能獲致完整的結果。

5.5 依六十星系追查大運、流年

除了了解60星系先天運勢趨向，更重要的是10年大運及流年運程，60星系性質及徵驗提供各星系經行12宮的特殊反應原則，為推斷大運、流年最準確的方法。

5.6 定盤法則

「定盤」即是推算斗數，亦是最重要且最艱巨的工作。「紫微斗數」用出生時辰訂出命盤，時辰如果不準確，命盤就是錯的，命也白算了（因為不是命主的命），即便時辰完全正確，經觀察既有事實並不符合其星系徵驗，一樣必須重新確認命盤。

出生時辰不準確的原因如下：

　　1.命主不知道自己生辰

　　2.記錯生日或時辰

　　3.陽曆、陰曆混淆

　　4.時差未調整（應以中州洛陽時間為依據）

　　5.計時器不準確

　　6.以醫學方法生產（剖腹、催生、試管……）

古人有一篇「形性賦」，提出許多徵驗，可列入參考。定盤除參考「形性賦」，主要將命主過往已發生的既存事實（詳表5.1）一一審核，以盤中命宮、身宮、福德宮、父母宮、兄弟宮、田宅宮星系的徵驗較多且顯著獨特者為定盤依據。

5.7 依命主時、位、人論斷

「紫微斗數」系統及徵驗所能推斷的，只是命主先天運勢的趨向，實際運限還有「地運」與「人運」。所謂「地運」指命主所居住的國家、地域及位置等社會背景；所謂「人運」則是命主父母、師長、親友等周遭人為的干擾或命主後天進修、意志選擇等因素，即使八字相同的人，命運卻大不同。

爰此，推斷斗數不可僅沉溺於先天運勢的徵驗，必須綜合命主「時」、「位」、「人」三個面向，過濾及剖析相關徵驗，才能獲致精準的預測結果。

表5.1 李滄之紫微定盤表

（姓名　　　　　　生辰西元　　　年□國曆□農曆　月　日　時）

先天形態	後天形態	性格	父母緣份	兄弟（姐妹）緣份	田宅狀況（13歲以前居住環境）	備註
□先天眼疾 □異誌或胎記 □下巴寬 □下巴尖 □朝天鼻 □眼睛小 □眼睛大 □額頭高 □額頭低 □先天殘疾 □口吃 □不足月生或難產 □牙齒不整齊 □嘴型有明顯不正 □面型有明顯上小下大或上方下圓 □面型有明顯上大下小或臉型上圓下方 □圓臉 □方臉 □長圓臉 □長方臉 □面型飽滿 □面型消瘦 □眉棱骨露 □臉頰骨露 □嘴寬 □雙目一高一低或一大一小 □頭明顯小於常人	□臉有疤痕或斑誌 □嗜好菸酒 □酷愛藝文 □面破相 □多雀斑 □傷殘 □身高矮，但聲音大 □口才流利 □面色帶白 □面色帶青 □面色帶黃 □面色帶紅 □面色帶紫 □面色帶黑	□決斷 □孤僻且易自尋煩惱 □愛憎之心濃厚、主觀強 □好親力親為 □寬厚大度 □自尊心重 □性慾強 □喜追求時尚 □喜為人服務 □節儉 □喜於交際場合埋單 □喜聲色場所 □喜當領導者 □興趣廣 □思想不集中，考慮欠周密 □喜鑽牛角尖 □愛情不專一 □易失眠 □急躁、消極 □喜熱鬧 □喜神祕事物	□父母富貴 □常與父母意見不合 □父親有外遇、偏房或再娶 □隨母親再嫁或母親再婚自己的生父 □自小離開父母（如托養於人……） □父母威權或性格強烈 □與父母感情融洽 □父母有意外災病 □父母事業傾敗 □父母不合 □與父母遠離 □與父母關係疏遠 □與父母感情破裂 □與配偶父母親近、與自身父母關係疏離 □受父母庇蔭	□與長兄不合或家中排行老大為長女 □有異胞兄弟 □受長兄（姐）扶持 □受長兄（姐）剝削 □家中排行老大為長男 □有異母兄弟（姐妹） □有雙胞胎兄弟或姐妹 □與兄弟（姐妹）不合 □與兄弟（姐妹）感情融洽 □兄弟姊妹眾多 □受兄弟（姐妹）拖累 □與兄弟（姐妹）爭訟 □與兄弟（姐妹）關係始善終惡 □一生得兄弟（姐妹）助力 □為兄弟（姐妹）破財 □兄弟（姐妹）分離，無助力	□近高山 □房屋位高地或屬高樓建築 □近鐵路或公路 □近學校或著名建築物 □近政府機構或著名場所 □近金融或警察機構、工廠、土地公廟 □近運動場或武館、軍事機構 □近餐廳或遊樂區、幼稚園 □房屋屬低層建築或位於低窪地、陰暗地 □近水族館 □近墓園或美容院、髮廊 □近屠房或娛樂區 □近孤兒院或廟宇	

（承前頁）

先天形態	後天形態	性格	父母緣份	兄弟（姐妹）緣份	田宅狀況（13歲以前居住環境）	備註
		☐喜不良嗜好 ☐好動 ☐喜安靜 ☐自卑感 ☐常因小事不快樂 ☐熱心助人反招誤會 ☐缺乏挑戰勇氣，喜隨遇而安 ☐人生無目標 ☐不耐靜，喜奔忙 ☐精神空虛 ☐時時恐懼沒安全感 ☐見解常與人不同 ☐易隨波逐流 ☐想法多但少付諸行動 ☐追求今朝有酒今朝醉（及時行樂） ☐喜高雅的興趣（如音樂、繪畫……） ☐沉溺於苦戀、畸戀 ☐易猶豫不決	☐父親為偏房或繼室所生 ☐幼年父母災病死亡 ☐父母婚姻和美 ☐父母與自己配偶不合 ☐父母溺愛 ☐父母（或親友）提攜 ☐父母對自身無助力 ☐父母離婚再復合 ☐父母遺產引爭奪 ☐父母婚姻狀況複雜 ☐得父親庇蔭 ☐幼年孤獨不為母親疼愛或與母親緣份淺 ☐與母親意見不合 ☐父親曾為家計離鄉工作 ☐父有災病 ☐父母離異 ☐幼年母代父職或母親持家 ☐單親家庭 ☐父母離鄉背井 ☐父親事業豐厚 ☐一親早喪，一親另行婚嫁 ☐父母有遺產或繼承父母事業 ☐父母有聲譽 ☐父母惡疾纏身	☐兄弟（姐妹）爭產 ☐受兄弟（姐妹）扶持 ☐扶持兄弟（姐妹） ☐因兄弟（姐妹）而橫發 ☐因兄弟（姐妹）而自身受傷或破財 ☐因兄弟（姐妹）而生血光之災 ☐配偶與兄弟（姐妹）之配偶不合 ☐與兄弟（姐妹）決裂 ☐兄弟（姐妹）中有殘疾者 ☐與兄弟（姐妹）配偶暗戀 ☐兄弟（姐妹）自小分離 ☐與兄弟（姐妹）年齡差8—12歲以上	☐近池塘或大排、公園、山坡地 ☐環境寧靜或多穢物 ☐近醫院或車站 ☐房屋落窄巷 ☐房屋係租用 ☐近電信機構或古老舊宅 ☐房屋屬眾高獨矮或眾矮獨高之建築 ☐近市場或加油站 ☐近文具店或出租業 ☐附近嘈雜或房屋曾火災 ☐近交叉路口 ☐房屋蟲蟻多 ☐房屋屬顯赫的建築 ☐房屋座空曠處或水尾、水源地 ☐近垃圾場或空氣污濁	

（承前頁）

先天形態	後天形態	性格	父母緣份	兄弟 （姐妹） 緣份	田宅狀況 （13歲以前 居住環境）	備註
		□喜任意與人 　應酬（非工 　作上必須 　者） □凡事悲觀 □謹慎 □擅長計畫 □喜享受生活 　品味 □喜追求物慾 □重精神享受 □責任心重 □易受旁人影 　響 □好管閒事 □經常更換工 　作 □熱心公益 □常有懷才不 　遇之感 □多創見 □常倉促做決 　定 □感情多挫折	□父母任軍警、 　牙醫、外科醫 　生、髮匠、屠 　宰業			

註：1. 依事實謹慎勾選，以增加定盤準確率。

　　2. 本表各項可為複選（依命主實際狀況勾選）。

第6章 紫微斗數的侷限性

6.1 紫微斗數的颱風預報論

　　颱風預報依過去颱風發生時相關大氣資料以數值模擬建立模組，據以推算未來颱風路線、雨量、風速……，日本、台灣、美國各有不同數值模式，推斷結果未必一致，氣象局也常因預報結果與實際誤差遭民眾責難，可見推斷結果無法百分百準確，但，推斷結果無法百分百準確就不預報嗎？預報還是要做，才能防患未然，紫微亦然，其模式即12宮依60星系、輔佐煞曜、4化曜、雜曜、流曜及統計資料、徵驗推斷運程，以利趨吉避凶。預測工具經統計資料徵驗便有實用價值

6.2 紫微斗數應用範圍不可能無止境擴張

　　「紫微斗數」分12宮垣，涵蓋命主人生的森羅萬象，為研究人命發展而成且極為精密的祿命術數，離開了命主為標的，便失去立足點。因此不可以用斗數推算貓狗運程，亦不可推算獨立事件（如一件意外、事件、買彩券、簽賭……）或非命主本人，如兄弟、配偶等之生肖、事業、運程等面相。

6.3 紫微斗數的準確運用涉及操作者的學養與人生經驗

　　「紫微斗數」依星系及徵驗推斷運勢，統計及電腦科技僅能排盤及整理資訊，「操作者」才是關鍵，因此，論命（參閱第5章）尚無法用電腦（僅能精準排盤）取代，命主尚需睿智研判才能尋得真正可以精確推斷並對自己未來趨吉避凶有實質助益的命理師。

第7章 正確的算命觀念

7.1 掀開江湖術士（神棍）騙術

由第6章紫微的颱風預報論就可以證明鐵口直斷及宿命的謬誤。雙胞胎命運相同嗎？不同國家、地區、年代，同時辰命運相同嗎？

星系雖同，但時、位、人狀況不同，徵驗結果當然不一樣。算命師經驗不足（或並未學習透徹，尚一知半解即出來闖蕩江湖，復以錯誤的宿命觀誤導命主一生），未定盤逕以所報時辰推斷，支離破碎，命白算了，切勿向鬼取藥單自誤一生。

7.2 算命準的人洩天機，命帶三破的謬誤

「紫微斗數」是一門極為縝密的祿命數，準確率很高，有天下第一神算之美譽，亦有人誇大其為外星人發明的。

坊間傳聞，算命準的，因為洩了天機，一定會帶有身體殘障、絕後、貧病交加其中一項，其實是早年的命理師有為數不少帶有殘疾或因收入不穩定並無姻緣致無子嗣而被穿鑿附會、以訛傳訛的結果。至於所謂「洩天機」，其實是江湖術士（神棍）為騙財目的，刻意神祕化斗數而自吹自己在「洩天機」（其實老天爺能讓人看得到，就不是天機；如果是天機也無法改變，那算命有何意義）。

7.3 命不可改，運可改（如果未能趨吉避凶，何必算命）

　　有經驗且有職業道德的算命師（非江湖術士、神棍）依時、位、人狀況及60星系、徵驗推斷，提高準確率並建議命主自己如何趨吉避凶，而不是由算命師幫命主改運。算命前一定要建立正確的觀念，才不會任由江湖術士（神棍）詐騙。

第8章 紫微斗數的時代意義與未來展望

　　「紫微斗數」推斷主要依據統計與徵驗，所以要過濾以往不合時宜的論述（如農業時代人丁眾多，有關子女宮子女人數、兄弟宮兄弟人數的徵驗，便與少子化的現況不符……），有志研究「紫微斗數」的讀者，應利用網路、電腦科技廣泛蒐集實際的統計與徵驗資料，配合現代社會背景，擴充與修正前人的徵驗，提供適合現實的推斷，才能賦與「紫微斗數」的時代義意。

　　紫微斗數並非玄學、迷信，讀者更不宜食古不化，它是可以隨時代變遷永續修正的。所以各位不必將筆者的觀點視為金科玉律，只能視為入門指導，入門後任何人都可以依據現代的統計與徵驗資料，修正前人的論述，以利紫微斗數未來發展。

Part 2 紫微應用

第9章 個性篇

　　俗語說「個性決定命運」，個性就是人在處理人事的態度和行為模式，有人積極；有人保守；有人優柔；有人剛愎；有人懦弱。而且江山易改，本性難移，若不經後天環境磨練與學習，先天個性恐怕直到老死也不會改變。

　　個性特質並無善惡之分，用對地方就是優點，用錯地方就是缺點。舉例來說，同樣是積極，在事業上積極，和作奸犯科的積極，顯然結果會大不同。

　　無論是親子關係、兩性關係、職場人際關係，首先要了解自己和對方的個性差異，才能依其特質，尋求相處之道（順著毛摸），欣賞別人的優點，包容別人的缺點，處理好人際關係，就是和諧與成功的關鍵。

　　觀察個性須綜合天盤之命宮及福德宮，依60星系組合（計120種基本模組）特性，加上輔、佐、煞、化、雜曜的變化，據以推斷（有志研究紫微斗數的讀者，應繼續深入探討）。限於篇幅，一一羅列並不可行。為讀者能容易參用，筆者綜合並簡易分類為四大類，茲臚列其特性，如表9.1所示，應用時並不需要排盤，只須依據表中個性特質，研判自己和對象分屬積極、領導、幕僚、順從型，以利第10~12章應用。

積極型	領導型	幕僚型	順從型
喜冒險	理性	熱心	細心
衝動	保守	謙虛	行動緩
行動力強	務實	具理想性	無主見
缺乏耐性	謹慎	想得多做得少	軟弱
自信	善管理	善言詞	適應力強
喜操控別人	喜受奉承	忠誠	在意別人對自
		創意	己的評價
		喜傳播消息	喜奉承別人
		多疑	

表9.1 個性分類及特性

第10章 親子篇

　　親子關係是一生命運最難處理的課題，如果婚姻不順，可以選擇離婚；戀愛中的情侶發現對方與自己個性不合，可以選擇分手；與職場長官、同事關係不好，可以選擇離職他就，唯獨親子關係一輩子至老死都無法改變，難怪自古以來江湖術士喜歡用宿命與相剋描述親子關係。

　　俗語說「家和萬事興」；孔夫子也說「要先齊家才能治國、平天下」，可見親子關係影響之巨。個性當然是親子關係和諧與否最重要的關鍵，所以，為人父母一定要學習如何了解子女的個性特質與最佳的互動模式，紫微斗數縝密的推算系統及從古代累積至網路時代的徵驗，為掌握命盤最佳工具。知命，才可以事半功倍的處理親子關係（造命）。

　　正確的方法是父母親掌握子女命盤後，尊重其特性，以誘導方式，因才施教、順勢而為，才能讓子女發揮天賦。教育子女最忌逕以個人主觀與價值觀要求子女順從（叛逆期小孩最易引起親子衝突）；或夫妻未先尋求共識，各自用自己的教育模式，子女將無所適從。

　　為利尚未學習紫微斗數的讀者能簡易應用，筆者依表9.1個性分類，臚列親子互動建議模式，詳如表10.1所示。如欲深入了解與子女緣份及相處之道，須綜合命主之命宮、福德宮、子女宮及子女之命宮、福德宮、父母宮並依第5章「星盤推斷」的方法作進一步觀察。

表10.1 親子互動模式建議表

命主\子女	積極型	領導型	幕僚型	順從型
積極型	親子同屬個性最強的類型，一樣的自信與衝動，父母應學習包容、放手，只要不學壞，多尊重他自己的決定，越早失敗日後成就越大。	小孩理性、務實，相較父母反而情緒不穩定、喜怒無常，父母應學習少用命令的口吻規範子女，多用提醒的方式相處並相信他能自己找到自己的方向。	父母在子女心中是絕對強勢，父母要以欣賞的角度並培養耐心、支持的態度來面對理想又多言的子女。	父母在子女心中是絕對的強勢，面對行動緩慢及個性軟弱的子女，父母要學習耐心等待大器晚成的子女並多激發培養子女的自信心。
領導型	理性又保守的父母很難放鬆對子女的管教，對個性強悍的子女，理性的管教，子女大致應可適應，惟父母仍應學習少用強勢而以從旁協助的方式，放手讓子女自由發揮。	子女繼承父母同樣具理性、務實的性格，雙方大致都能以理性溝通，惟父母仍應學習尊重理性且有主見子女的決定，盡量以從旁輔導的方式互動。	子女對理性父母的管教大致可以適應，父母應學習欣賞子女多言及天馬行空的特性，避免代溝擴大。	子女的性格與父母大不同，對於理性父母的管教方式大致應可服從，父母應學習欣賞子女善良特性及接受子女缺乏自信和過於敏感的特性。

幕僚型	子女對於熱心又多言的父母會覺得太嘮叨，父母應學習接受子女自信、行動力強的個性，只要不走偏，父母盡量少言，讓子女自由發展。	理性、務實的子女具領導特性，父母要學習相信子女自我管理的能力，不必提供太細節的意見並避免過於嘮叨，俾維持良好的互動。	父母與子女性格相近，互動良善，父母要學習接受子女與自己有同樣優缺點的特質並避免過於嘮叨。	不善表達的子女對於熱心多言父母的管教大致可適應，父母應學習引導子女勇於表達內心的想法及接受子女缺乏自信和過於敏感的特性。
順從型	個性強烈的子女對於不善表達且溫和的父母個性成強烈的對比，父母應學習欣賞子女勇於冒險、自信心強的個性，只要不走偏鋒，不須過度擔心，讓子女盡情揮灑。	理性、務實、謹慎、保守的子女，自主性高，很難接受性格柔弱父母的建議，父母應學習放手，俾維持良好互動。	溫和的父母與熱心、多言的子女，為親子關係最佳的組合。	父母與子女性格相近，互動良善，父母要學習接受子女與自己有同樣優缺點的特質並採取較主動積極的方式與子女互動。

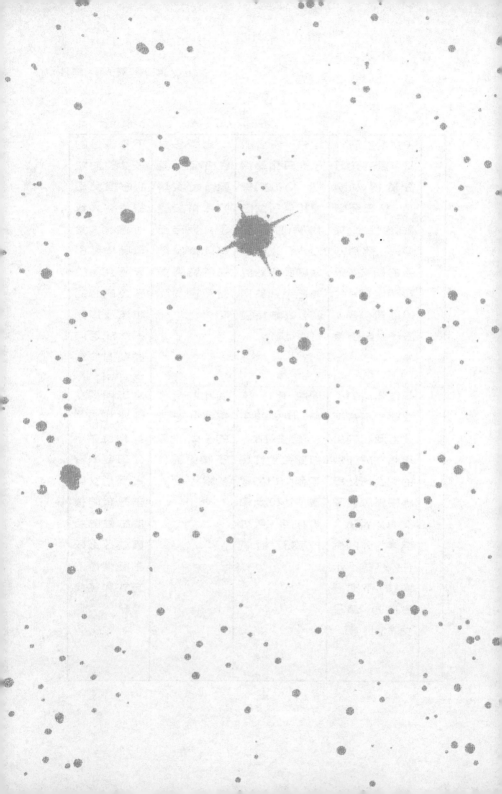

第11章 兩性篇

　　兩性關係包含愛情與婚姻，但兩者的本質卻大不相同，愛情重感性；婚姻重理性，好丈夫（太太）不一定是好情人，好情人也未必是好丈夫（太太）。一般人常分不清兩者的差異性，未能體會「相愛容易相處難」的真諦。愛情喜新鮮，要迸出愛情火花很容易；長久相處（或婚姻）則必須包容守舊，才能維持。

　　因為普羅大眾誤認愛情順利，婚姻就一定美滿，在婚後才警覺與婚前的幸福天差地別，在未能包容、適應的情況下，造成現今離婚率節節上升的現象。唯有建立正確的愛情與婚姻觀念，才能讓你做出最睿智的抉擇，成為兩性關係中的贏家。

　　要了解婚姻及感情狀況，須綜合命主及對象之命宮、福德宮及夫妻宮，並依第5章「星盤推斷」的方法觀察，為利尚未深入學習紫微斗數的讀者能簡易應用，筆者依表9.1個性分類，臚列婚前擇偶速配分數如表11.1。如果讀者目前已處婚姻狀態，表11.2提供婚姻相處模式參考。

命主＼配偶	積極型	領導型	幕僚型	順從型
積極型	60	80	60	60
領導型	80	70	60	60
幕僚型	60	60	80	85
順從型	60	60	85	90

表11.1　擇偶速配分數表

表11.2 婚姻相處模式建議表

命主 ＼ 配偶	積極型	領導型	幕僚型	順從型
積極型	同屬個性最強烈的類型，一定要互相忍讓，否則要維持婚姻，恐有困難。	感情上是最適合的伴侶，一定要珍惜姻緣，勿過於挑剔，白頭偕老沒問題。	天生相剋，一定要了解性格不合，為維持婚姻，必須調整個性自己的行為模式。	天生相剋，要認清對方個性，用同理心調整相處之道，才能維持婚姻。
領導型	感情上最佳的伴侶，理性、感性可以互相調合，意見相左時，記得退一步，氣消了再處理。	同屬理性、務實個性，容易互相吸引，但主見都強，如果又缺少感性、激情，容易產生倦怠，要學習多創造新鮮感是維持婚姻最佳配方。	天生相剋，幕僚型不喜歡你太過理性（冷酷）、保守、固執，你必須用同理心了解幕僚型多話、喜打高空的特性，否則婚姻遲早會有危機。	順從型軟弱、缺主見，會造成領導型的不耐，感性的他，不會吐盡心中的話，理性的你又猜不透，容易產生誤會，要多誘導他講出來，才不會加深心結，對婚姻不利。

幕僚型	天生相剋，千萬要克制自己鋒利的言語，學會以心平氣和、就事論事的方式溝通。	領導型務實理性與你熱心、具理想性，天生相剋，發生衝突時，互不相讓，為維持婚姻，一定要認清對方個性特徵，用同理心調整相處之道。	同類型的個性，容易溝通，但太求完美及多疑的個性，容易讓雙方壓力過大。	幕僚型與順從型天生相合，只要克服自己多疑及太求完美的個性，白頭偕老沒問題。
順從型	順從型與積極型天生相剋，保守的你看不慣積極型的衝動，他看不慣你太在意別人、無主見，為維持婚姻，要用同理心並調整自己的行為模式。	天生相剋，你感性，他理性，相處較為困難，你會覺得他太理性、現實，他看不慣你太沒主見、軟弱，要學習忍讓，才能維持婚姻。	天生相合，只要你能多傾聽及欣賞他熱心、理想性高的個性，相處不會有大問題。	天作之合，屬同一類型個性，為婚姻組合中最穩定的一組，不要太在意別人對自己的評價而影響你們關係（婚姻是自己的，別人看法不重要），婚姻一定可以幸福美滿。

以下將分享筆者應用紫微協助命主面臨結婚、桃花或姻緣時如何決擇或趨吉避凶的實際案例。

案例1：女友個性強，還適合繼續交往嗎？
（詢問時間2005年8月5日）

問題：

　　我個性內向，甚至有點自閉，女友卻是個能力和個性都很強的女強人，可以幫我看看是否適合繼續交往？

回覆內容：

　　男女雙方交往一開始憑的是感覺和外表，但時間久了，難免會發生爭執，因為個性只能隱藏一時，正所謂相愛容易相處難，激情火花很容易發生，能相知相惜鍾愛一生的夫妻還是少數。

　　通常婚姻能夠美滿，都是因為互補的個性，女生脾氣不好，男生脾氣好，反而可以走的長久，不需要在意旁人的冷言冷語，只要自己幸福圓滿，將來婦唱夫隨也不錯，關鍵還在你是否可以包容與忍受女友的脾氣。

天盤福德宮太陰獨坐卯宮，與鈴星、大耗同度，又見天月、陀羅，正顯現你屬於個性較隨和的類型。夫妻宮太陽在亥與陀羅同度，男命不宜早婚，年輕的你，現在應以學業為主，距離適婚年齡尚遠，女友個性強是否適合與你共度一生，現在不必預設立場，應該繼續交往，剛好讓時間來考驗兩個人是否可以互相容忍，若真不適合再考慮別人，反正還年輕，祝福你！

		天月	
巳	午	未	申

辰		酉

太陰（陷）

　　鈴星
　　大耗

福德
乙卯　戌

太陽（陷）
　　　陀羅

			夫妻
寅	丑	子	癸亥

案例2：姻緣
（詢問時間2009年9月18日）

問題：

1.請問本身是否命中無姻緣或只有同居的命？

2.如果有姻緣，大概幾歲會結婚、適合找那種類型當另一半？

回覆內容：

本命盤天機獨坐丑宮，主擅口才，夫妻宮太陽在亥，與陀羅同度，男命不宜早婚，亦主婚前戀愛波折；見鈴星，主初時感情深厚，久後即如水火。依本命盤觀察的確姻緣較薄，同居不失為較佳的選項。夫妻宮太陽獨坐亥宮，屬消極性質且易招是非，宜掌握運勢佳之大運或流年改變人生，所謂「命不可改，但運可改」。依流年盤觀察，大限夫妻宮天同獨坐酉宮，為充滿困擾的大限，也難怪你對姻緣產生如此大的悲觀；2010年夫妻宮破軍在子，2011年夫妻宮天機在丑，2013年夫妻宮太陰在卯為10年內較佳運勢的流年，這3年可能有機會遇到個性相合的對象宜善加把握，惟僅宜交往，不急著結婚，

建議以時間來考驗雙方的契合度，2015年以後再來考慮結婚的事宜。

　　依先天命盤天機獨坐之個性特質，另一半以太陰、天同或天梁坐命為優選對象。

		天月	
巳	午	未	申
			天同（平） 大夫妻
辰			酉
太陰（陷） 鈴星 年（2013）夫妻 福德 卯			
			戌
	天機（陷） 年（2011）夫妻 命 丑	破軍（廟） 年（2010）夫妻 子	太陽（陷） 陀羅 夫妻 亥
寅			

案例3：目前交往對象常吵架，如果真不適合，不知道有沒機會遇到較好的對象
（詢問時間2013年10月15日）

問題：

　　我和女友交往了一年多，感情時好時壞；吵架的時候，常會和我過去的女友吃醋，不知和她是否適合走下去？不知道之後有沒有機會遇到較好的對象？

回覆內容：

　　雙方適不適合很難用命理直接判斷，因為感情是有因果循環關係的，愛人的一定需要被愛人的回報，愛人及被愛有如欠債（被愛）與討債（愛人）的交互循環關係，錯綜糾葛，怪不得古今中外不斷的發生淒美的愛情故事。世界上應該沒有不吵架的情侶或夫妻，縱使個性不適合，若可以彼此調整、包容，感情就能長久；如果不肯彼此諒解，縱使命盤相合的，也是無法鍾愛一生。

　　觀察流年盤，大限夫妻宮天同獨坐在酉宮，主易因感情困擾而生冷卻之心，正反應你目前的狀況，2013流年夫妻宮太陰化科在卯，已算是這個大限（24-33歲）運勢較佳的

流年，建議忍受此段逆境，這段期間與現任女友學習互相包容與尊重，至下個大限（34-43歲）應該有機會遇到生命中的真命天女，至於是不是現任女友，還是要自己好好評估了，祝福你！

		天月	天同（平）
巳	午	未	申
			大夫妻 酉
辰			
太陰（陷）科 年夫妻 卯			戌
寅	丑	子	癸亥

案例4：想成家立業但苦無另一半
（詢問時間2015年2月1日）

問題：

　　可以幫我看夫妻宮嗎？想成家立業，但苦無另一半。

回覆內容：

　　天盤福德宮太陰落陷在卯，太陰主靜，競爭力弱，鈴星、大耗同度，見陀羅、天月，有自閉的傾向，個性太內向當然會欠缺異性緣，不過，婚姻為一生大事，還是要穩紮穩打，不建議太過躁進。

　　天盤夫妻宮太陽獨坐亥宮，與陀羅同度，見大耗、鈴星，屬消極性質的太陽，趨吉避凶的原則就是要掌握良好的運限奮力一搏。依流年盤（24-33歲）夫妻宮天同獨坐酉宮，為消極性太陽最困厄的年限，怪不得目前尚無姻緣，所幸2016年大限夫妻宮行至七殺獨坐申宮，對宮紫微天府，34-43歲的大限有機會改變客觀的環境，加油！姻緣出現的機會可能在2015年以後，請把握機會，祝福你！

巳	午	天月 未	七殺（科） 大（34-43）夫妻 申
辰			天同（平） 大（24-33）夫妻 酉
太陰（陷） 鈴星 大耗 福德 卯			戌
紫微（權）天府 寅	丑	子	太陽（陷） 陀羅 夫妻 癸亥

案例5：結婚運
（詢問時間2015年8月31日）

問題：

　　請問我今年或明年的結婚運到了嗎？

回覆內容：

　　台灣民俗結婚前一般都還是會挑選所謂良辰吉日，挑了良辰吉日又如何？離婚率還不是逐年升高。結婚的時機決定權在自己，並沒有所謂的結婚運，依紫微推算的只能說是比較可能的時間。現在就用紫微來推斷，提供你參考。

　　天盤夫妻宮太陽獨坐亥宮，與陀羅同度，見大耗、鈴星，屬消極性質的太陽，24-33歲大限夫妻宮天同獨坐酉宮，為消極性太陽所不喜行經的年限，所以，在33歲前較無結婚機緣，34-43歲大限夫妻宮行至七殺獨坐申宮，對宮紫微天府，有機會改變客觀環境，34歲（2016年）流年夫妻宮廉貞天相坐午，右弼、流曲、流鉞同宮，沖會大曲、大鉞，為太陽守命者良好的流年，因此，明年以後較今年更有機會結婚。

巳	午	未	申
	廉貞（平）天相（旺） 右弼 流曲 流鉞 （2016）年夫妻	天月	七殺（科） 大（34-43）夫妻
辰			**酉** 天同（平） 大（24-33）夫妻
卯 太陰（陷） 鈴星 大耗 福德			**戌**
寅 紫微（權）天府	**丑**	**子** 大曲 大鉞	**亥** 太陽（陷） 陀羅 夫妻 癸亥

第12章 職場人際關係篇

俗語說「愛拼才會贏」，雖然不拼大半不會贏，但偏偏有人拼了也不見得贏，關鍵可能在於缺少貴人相助。有一份職場關係調查報告，結論是：中、高階以上主管，90%都受過長官栽培，總經理職位有80%遇過貴人，創業成功者100%都曾被人提拔過。

現代社會是一個分工的結構，無論在公私立機構，大部份任務幾乎都是由團隊合作才能完成。因此與上司、部屬相處的重要性，更勝於個人的專業能力，一定要先知己知彼，才能用適當之方式來對待不同個性類別的人。

取得職場相關對象的生辰八字是不切實際的，為利讀者方便參閱，筆者依表9.1個性分類，臚列與職場主管及、部屬互動建議模式，詳如表12.1~12.2所示。

除了要掌握職場相處對象個性外，筆者另臚列職場人際關係攻略供參，希望對讀者職場生涯順利發展有所助益：

1.沉穩

（1）不要隨便顯露你的情緒。

（2）不要逢人就訴說你的困難和遭遇。

（3）在徵詢別人的意見之前，自己先思考，但不要先講。

（4）不要一有機會就嘮叨你的不滿。

（5）重要的決定儘量有別人商量，最好隔一天再發

佈。

2.細心

（1）對身邊發生的事情，常思考它們的因果關係。

（2）對做不到位的執行問題，要發掘它們的根本癥結。

（3）對習以為常的做事方法，要有改進或優化的建議。

（4）做什麼事情都要養成有條不紊和井然有序的習慣。

（5）經常去找幾個別人看不出來的毛病或弊端。

3.膽識

（1）不要常用缺乏自信的詞句。

（2）不要常常反悔，輕易推翻已經決定的事。

（3）在眾人爭執不休時，不要沒有主見。

（4）整體氛圍低落時，你要樂觀、陽光。

（5）做任何事情都要用心，因為有人在看著你。

4.度量

（1）不要刻意把有可能是夥伴的人變成對手。

（2）對別人的小過失、小錯誤不要斤斤計較。

（3）在金錢上要大方，學習三施（財施、法施、無畏施）。

（4）不要有權力的傲慢和知識的偏見。

（5）任何成果和成就都應和別人分享。

5.「3R」

（1）Respect（尊重）

（2）Resourcefulness（機智）

（3）Responsibility（責任心）

6.擔當

（1）檢討任何過失的時候，先從自身或自己人開始反省。

（2）事項結束後，先審查過錯，再列述功勞。

（3）認錯從上級開始，表功從下級啟動。

（4）著手一個計畫，先將權責界定清楚，而且分配得當。

（5）對「怕事」的人或組織要挑明瞭說。

7.誠信

（1）做不到的事情不要說，說了就努力做到。

（2）虛的口號或標語不要常掛嘴上。

（3）針對客戶提出的「不誠信」問題，拿出改善的方法。

（4）停止一切「不道德」的手段。

（5）耍弄小聰明，要不得！

表12.1 與主管相處模式建議表

主管 / 自己	積極型	領導型	幕僚型	順從型
積極型	同一個性類型，相處沒重大困難，但如果與長官意見不合，表達時要注意婉轉。	領導型天生與你互補，主管具理性、保守特性，切忌一意孤行，造成主管重視團隊的困擾，進而影響原有之良善關係。	幕僚型主管說得多，做得少，瞻前顧後的性格，你並不喜歡，但還是要忍耐，因為你是部屬。	你看不慣順從型長官決策慢、缺少魄力的特性，但，你不宜太過強勢，因為權利還是屬於長官的。
領導型	與積極型主管相處沒重大問題，是天生互補者，要適應主管衝勁十足的節奏，因為他是長官。	同個性類型，相處沒重大問題，雖然自己是有主見的，但，還是要依主管的意見來辦事，對自己才有利。	對於講得多做得少、重細節又猶豫的主管，你可能會不耐，但一定要忍耐才是對自己最有利的。	對於行動緩慢又軟弱個性的主管，你並不心服口服，但只要學會忍耐，他是對你最有利的主管（因為他欣賞領導型）。

幕僚型	積極型的主管會因為衝勁十足會給你很大的壓力，且主管並不欣賞多言的你，切記與積極型主管報告一定要簡潔（因為主管缺乏耐心）。	領導型的主管，你多能服氣，但他卻不欣賞多言的你，切記要逆向操作，多做少言，對自己才會有利。	同類型個性，相處十分融洽，但與主管互動不宜太過多言，畢竟言多必失。	順從型天生與你互補，相處沒有重大困難，切記勿在別人面前批判主管的軟弱與無主見。
順從型	積極型的主管並不欣賞行動緩慢的你且會給你很大的壓力，宜加強行動力對自己才有利。	細心的你並不欣賞只論原則不重細節且太無情的長官，就當成磨練，才是對自己有利的。	你欣賞幕僚型的長官，相處不會有重大問題，要學習適應他口無遮攔的特性。	同類型個性，相處不會有太多問題，但要注意軟弱無主見的他可能為討好別人而犧牲你。

表12.2　與部屬相處模式建議表

命主＼部屬	積極型	領導型	幕僚型	順從型
積極型	同一類型個性，他行動力超強，只要提示方向即可，記住不宜用過於嚴苛的管理手段及少用命令的口吻。	領導型與你天生互補，對理性及自主性高的他，切忌用強勢的領導方式，指示任務除了方向還要有完整的計畫，保守的他行動力才會發揮。	幕僚型與你天生相剋，很會想的他並不會認同衝勁十足的你，你也看不慣他多言卻缺行動力的特性，你學習多點耐心傾聽並讓他有受尊重的感覺。	順從型與你思考模式完全不同，缺乏自信、行動力慢的他，需要你不斷的鼓勵，過於內斂的他，也需要你鼓勵勇於表達心裡真正的想法。
領導型	善於管理的你，與執行力強的他屬最佳組合，只要方向沒錯，放手讓他去發揮。	同一類型個性，善用你理性溝通能力與自主性高的他互動並多尊重他的意見。	你喜歡抓大方向的個性與重細節的他不同，善用他的長處補你的不足。	你不欣賞順從型緩慢的行動力，多點耐性並且善用他細心與任勞任怨的長處。

幕僚型	開創型的個性並不喜歡主管過於干預及管得太細，記住只要給予大方向的指示，善用他衝勁十足的優勢。	領導型的個性天生理性、冷靜，切記過於嘮叨，與他溝通一定要就事論事勿加過多的情緒。	同類型個性，相處沒重大問題，多容忍他喜歡高談闊論的特性，導正他太過天馬行空，常偏離主要任務目標的舉止。	天生互補，相處融洽，但太過熱心的指導，可能養成他依賴的特性，管理上儘量只給予任務方向及處理原則，同時要導正他行動遲緩的特性，你才會輕鬆。
順從型	開創型的部屬看不順你較無主見及行動力弱的特性，要領導他並不容易，所以，順從型主管必須培養足夠的專業能力並且賞罰分明，才能	細心的你看不慣領導型大而化之的個性，且他可能會有不服領導的傾向，多欣賞他理性、務實的特性，適時提醒他多注意細節。	天生互補、相處融洽，你喜歡他的熱情創意，要多注意主管和部屬的分際，避免互動關係好，影響領導的威信。	同類型個性，沒重大問題。你要學習多一點擔當並避免因鄉愿而讓他負擔的任務與其餘類型部屬有太大的差異，他才會成為你的

順從型	領導開創型的部屬。			好用、忠心的部屬。

第13章 事業篇

　　事業宮與夫妻宮、命宮、財帛宮會合。婚姻成敗影響事業極巨，如果夫妻每天吵吵鬧鬧，如何在事業上全力衝刺？同樣的，命宮個性的特質及財帛宮生財性質亦影響一個人適宜從事職業性質。

以下是筆者應用紫微協助命主面臨就業、升遷異動、跳槽時機，創業問題的實際案例。

案例1：就業
（詢問時間2006年5月31日）

問題：

　　快當完兵了，什麼工作比較適合？

回覆內容：

　　快當完兵了，即將進入人一生中最精彩的階段，恭喜。俗話說「男怕選錯行，女怕嫁錯郎。」人生比努力更重要的是選擇，選對行業的確是人生最重要的功課之一。

　　天盤命宮天機獨坐丑宮擎羊同度，主擅口才，適合從事以口舌求財的職業，人生最重要的大限在24-33歲，關鍵的流年在天同、巨門坐守的年度。天盤福德宮太陰落陷獨坐卯宮，喜寧靜；鈴星同度，喜忙裡偷閒、競爭力不強；大耗同度見天月，主個性內向。

　　天盤事業宮巨門獨坐巳宮，基本性質為「口舌生財」，正與命宮推斷結果相呼應。屬於口舌生財的行業包括律師、外交官、民意代表、教師、銷售業務、飲食有關行業，

若從醫，則宜與口腔食道有關的科別。巨門化權，天馬天鉞同度，主利於異域發展事業；文昌同度又見文曲，主先有社會地位，財富隨聲名而來。對宮陀羅且見擎羊，則主事業虎頭蛇尾，終無結局。

　　依推斷結果，吉凶參半，建議從事以口舌生財的行業，亦利於至異域工作，惟不建議自行創業，始能持盈保泰。祝福你！

巨門（平）權 天鉞 天馬 文昌 事業 巳	午	天月 未	申
辰			天同 文曲 酉
太陰（陷） 鈴星 大耗 福德 卯			戌
寅	天機（陷） 擎羊 命 丑	破軍（廟） 子	太陽（陷） 陀羅 癸亥

148

案例2：考運
（詢問時間2006年12月15日）

問題：

　　請幫忙算明年考運？

回覆內容：

　　考試是相對公平的競爭方式，如果自己不努力，縱使再多的吉曜分布於事業宮也於事無補，要金榜題名，首要的還是努力用功，命理僅能推斷什麼時候利於考運，雖然有時候考運還是相當重要（例如考題剛好都有準備到），考試要有好結果就是努力加考運，缺一不可。

　　天盤命宮天機獨坐丑宮，擎羊同度，屬下游性質之天機，明年（2007年）流年命宮太陽落陷獨坐亥宮，流陀同度，巨門化忌對拱，並非佳運的流年，依命宮性質推斷，要到2010年流年紫府坐命方為佳運。

　　天盤事業宮巨門化權獨坐巳宮，屬深沉性質之巨門，明年流年事業宮太陰落陷，鈴星同度，三合宮見流鉞、流陀、流昌、流祿，吉凶參半，運勢平平，依事業宮性質推斷，要到2008流年貪狼坐事業宮，方為突發

性之流年。

　　綜上，明年（2007年）考運並不平順，到2008年之後才利考運。建議，明年還是參加考試，即使考運不佳，未能金榜題名，藉由參加考試累積經驗，同時在準備過程亦增加熟悉度，待2008年後可能就會有滿意的結果，況且「命不可改，但運可改」，如果準備充分，精熟度勝過應試的人，不需考運加持也許明年就可順利考取。總之，只要有決心，提早準備，一定會有好成果。祝福你！

巨門權（年忌） 天鉞天馬文昌 事業 巳	午	天月 流鉞 未	申
貪狼 （2008）年事業 辰			文曲 流昌 流祿 酉
太陰（陷） 鈴星 大耗 福德 （2007）年事業 卯			戌
紫微（權）天府 （2010）年命 寅	天機（陷） 擎羊 命 丑	破軍（廟） 子	太陽（陷） 流陀 （2007）年命 亥

案例3：跳槽
（詢問時間2007年12月10日）

問題：

　　目前從事的工作是網路企劃，已做了一年半，由於公司規模屬中小型較無制度，業務特性又常和不同單位有一些爭執，很苦惱，所以才考慮換到更大的公司，請問明年適合嗎？

回覆內容：

　　這個問題確實滿苦惱的，以長遠發展的角度，當然到大公司會比較好。只是你還年輕，除了考慮適合個性的工作外，還有更重要的能力要培養，包括抗壓性、人際關係、協調與領導能力。一般而言，大公司升遷較不易，因為組織龐大、人才濟濟，一年半的經驗在專門技術行業並不算久，比較建議先留在目前公司多磨練上述各種能力（小公司的機會遠多於分工細的大公司），況且，本位主義的關係，每家公司單位間有爭執是必然現象。除非，工作環境真得讓你厭惡到無法忍受（容忍其實也是一種能力），建議再待2-3年，專業技能更成熟後再換到大型的機

構，更利於可長可久的發展（畢竟職場生涯還很長）。

　　接下來，用紫微來推斷適合跳槽的時間。天盤命宮天機獨坐丑宮，擎羊同度，屬下游性質之天機，命宮大限（24-33歲）太陽坐亥，今年25歲受到這個大限的影響還有8年時間。太陽坐亥大羊同度，三合宮又見大陀的大限，利安於現狀或安於一技，33歲前不建議做行業上太大的變動，原則仍以從事目前同類型的工作為宜。觀察流年命宮，2010年紫微天府坐寅屬佳運，更有獨當一面的機遇，是轉換工作最好的流年。

巳	午	未	申
辰			酉
大陀 卯			戌
紫微（廟）天府（廟） （2010）年命 寅	天機（陷） 擎羊 命 丑	子	太陽（陷） 大羊 大（24-33歲）命 亥

154

案例4：開店當老闆
（詢問時間2008年7月25日）

問題：

明年開早餐店，資金和合夥人都有了，依我的命盤是否適合開店創業？

回覆內容：

由你所提的問題，可以研判目前工作的狀況並不順遂，難怪會想開店當老闆。不過合夥做生意並不如想像中的容易，兩個老闆，意見不一樣，那要聽誰的呢？依我的觀察，合夥生意很少能長久合作，要慎重。

接著用紫微來推斷你是否適合自行創業。天盤命宮天機獨坐丑宮，擎羊同度，適合從事口舌求財的行業，適合從事早餐店這個與飲食相關的行業。

天盤事業宮巨門獨坐巳宮，亦主「口舌求財」，開早餐店倒也符合，只是所謂「口舌求財」尚包括律師、外交官、民意代表、教師、銷售業務……等行業，那一種行業才是最佳選項當然要進一步以「時」「位」「人」觀察。巨門化權獨坐巳宮，屬深沉巨

門性質，24-33歲事業宮大限太陰落陷在卯，大昌、大陀、鈴星同度，見大羊、大曲，吉凶參半，運勢平平。明年（2009年）流年盤巨門對宮太陽落陷，主多是非口舌、拖累尤怨，為不利的流年，故建議不宜貿然創業。

　　綜上，依滄之三十幾年職場生涯經驗，經歷公、私立機構，沒有一個職場氣氛可以永遠融洽，部門及同事間的爭執、鬥爭在所難免，年輕的你要戴上面具並學習小草柔軟的身段去適應環境，而不是逃避的態度去面對這個殘酷的現實，如果真無法繼續在目前的環境工作，還是以跳槽為宜，不建議創業。祝福你！

巨門權 （2009）年事業 事業 巳	午	未	申
貪狼 辰			酉
太陰（陷） 鈴星 大陀 大昌 大（24-33歲）事業 卯			戌
寅	天機（陷） 擎羊 命 丑	子	太陽（陷） 大羊 大曲 亥

案例5：可否至大陸發展
（詢問時間2009年12月20日）

問題：

　　從事目前工作已五年，工作上尚稱穩定，但老做一些基層的工作，十分枯躁，短期也無升遷機會，想問，有朋友邀至大陸發展，是否適合？

回覆內容：

　　本命宮天機在丑，擎羊同度，天機於丑宮本為弱垣，有煞曜同度，則屬下游性質的天機，必須藉後天人事補救。24-33歲大限命宮太陽，主安於現狀並無力爭上游的機會，正符合你目前職場發展情形，在33歲前不建議做太大的變動。

　　今年（2009年）流年命宮天機落陷坐丑，見流羊沖會丑宮原局擎羊，怪不得工作上無法突破。24-33歲這個大限尚稱穩定，惟流年還是會有起伏變化。觀察流年盤，明年（2010年）紫微天府坐寅宮為吉化的流年，明年可能會有升遷的機會。天盤事業宮巨門與天鉞同度，主利於異域發展，明年適合至大陸就業，惟並不建議自行創業。加油！

巨門權 天鉞 流羊 （2009）年事業 事業 巳	午	未	申
貪狼 辰			酉
太陰（陷） 鈴星 大陀 大昌 大（24-33歲）事業 卯			戌
紫微（廟）天府（廟） （2010）年命 寅	天機（陷） 擎羊 （2009）年命 丑	子	太陽（陷） 大羊 大曲 大（24-33歲）命 亥

159

案例6：事業瓶頸
（詢問時間2011年5月15日）

問題：

　　目前從事電子業，升遷不順，應該跳槽還是創業？

回覆內容：

　　觀察天盤事業宮巨門獨坐巳宮，為深沉性質之巨門，24-33歲大限事業宮太陰落陷在卯，主內心陰暗導致橫逆，這個大限事業宮宜於穩定中求發展，遇有吉曜會合的流年才可以考慮跳槽，惟不建議自行創業。依明年（2012年）事業宮流年盤推斷，七殺獨守申宮，為深沉巨門最佳的流年，明年的確是轉換跑道的好時機。祝福你！

巨門權 事業 巳	午	未	七殺 （2012年）事業宮 申
貪狼 辰			酉
太陰（陷） 大（24-33歲）事業 卯			戌
寅	丑	子	亥

161

案例7：工作運勢
（詢問時間2015年1月30日）

問題：

　　退伍後陸續有工作，也轉換過跑道，可是一直無法突破，想知道什麼時候可以有較突破性的發展或創業的機會？

回覆內容：

　　從所提問題，可以了解你職場生涯尚稱平順，並無大的起伏，其實滄之本身較喜歡平淡的人生，只是人各有志，而且你工作多年，專業及經驗都累積至相當的程度，是可以紫微來推斷何時有突發或創業的機會看看。

　　今年（2015年）33歲剛好走到24-33歲大限的尾端，明年（2016年）將進入34-43歲的大限。天盤命宮天機在丑，擎羊同度，屬下游性質之天機，行經34-43歲大限命宮武曲化忌坐戌，大羊同度，最不利天機，必生絕大的挫折。天盤事業宮巨門化權在巳，屬深沉性質的巨門，行經34-43歲大限事業宮紫微天府在寅，火星同度，會照午宮地空、戌宮大羊，須防孤立招非。

強烈建議在34-43歲這個年限不易貿然創
業，免生破敗，宜安分守己於現有職務。祝
福你！

巨門權 地空 事業 巳	午	未	申
辰			酉
太陰（陷） 鈴星 大耗 卯			武曲忌 大羊 大（34-43）命 戌
紫微（化權）天府 火星 大（34-43）事業 寅	天機（陷） 擎羊 命 丑	破軍（廟） 子	亥

第14章 財運篇

　　財帛宮與事業宮、命宮在三合方會照並與福德宮對拱。命宮為一生的格局，格局雖大，未必可成富局；格局小，未必沒機會成為富豪；福德宮影響生財的難易，可能安居即足以致富，可能勞心費神、機謀百變，依然貧困；事業宮可觀察行業傾向。推斷財運須綜合財帛宮、命宮、事業宮及福德宮，才能有全面完整的成果。

以下是筆者應用紫微協助命主推算財運狀況的實際案例。

案例1：老無法存錢
（詢問時間2008年5月30日）

問題：

　　我是否命中註定沒財帛？每次想存錢，但領了薪水過沒幾天錢就花光，是否有解決的方式？

回覆內容：

　　天同守財帛宮，主白手興家。既無祖產庇蔭，而且還年輕，就業也沒幾年，工作資歷尚淺，上班族一般至少要工作五年以上，累積實力後（可被利用的價值），薪水才會有較大的調整，不要太急。

　　天同獨守財帛宮，主辛苦求財，至晚年始得順遂。既然先天財帛較單薄，應盡量避免不必要的消費。節衣縮食先累積小筆財富後善用理財工具（如買股票……）才能讓財富翻轉。天同守財帛宮，宜從事帶享受、消遣性質的行業，較利財富的累積。

「命不可改，但運可以改」，算命的目
的不是要你接受推斷的結果，而是為了趨吉
避凶，知命造命。如果算了命仍無法改變命
運，何必算呢？祝福你。

巳	午	未	申 天同
辰			財帛 酉
卯			戌
寅	丑	子	亥

案例2：倒債
（詢問時間2012年1月10日）

問題：

　　好心幫助朋友，卻被倒債，命中真的缺錢嗎？新年快到了，眼前難關如何渡過？

回覆內容：

　　天盤財帛宮天同坐酉會擎羊、鈴星，屬精神空虛性質的天同，24-33歲的大限財帛宮天梁坐未，並非吉運，今年（2012年）流年財帛宮破軍坐子宮，主防受騙或受拖累，怪不得發生這種遺憾。

　　在2008年推算過你天盤財帛宮天同坐酉，主辛苦求財，既然求財辛苦，要善於理財才能讓你不虞匱乏，理財技巧與先天命格無涉，絕對可以經後天學習，善用投資工具改善財富。但，理財的前提，要先有財，才有得理，記得在2008年有提醒要節衣縮食，你應該也做到了，才會有一點積蓄讓朋友倒債。朋友通財之義應限於小金額（如一齊吃飯、皮包剛好沒錢……）或急難救助（如重大意外或傷殘……），若是做生意週轉又願意付利息，還是建議要婉拒，也許朋友並不

性倒債，但，生意若無法轉虧為盈，你就被拖累了。

　　常言道「不經一事，不長一智」，希望你記取這次教訓，守好辛苦賺來的每一分錢，待累積至相當經額後善用投資工具改善財富。加油！

		天梁	
		（24-33歲）大財帛	
巳	午	未	申
			天同
辰			財帛 酉
鈴星			
卯			戌
	擎羊	破軍	
		（2012年）財帛	
寅	丑	子	亥

172

案例3：偏財運
（詢問時間2013年4月15日）

問題：

　　投資股票常失利，是否命中沒有偏財運？

回覆內容：

　　天盤財帛宮天同坐酉會擎羊、鈴星，屬精神空虛性質的天同，行經24-33歲大限天梁在未，並非吉運，的確較無偏財運。投資股票是一種操之在自己的理財行為，推斷結果沒有偏財運，選股標的更應該避開高風險（可能也是高投資報酬率）的電子等熱門類股，建議以雪球股（歷年現金股利/年平均股價 >5%）為投資標的（網路都查得到相關資料），要遠離暴漲暴跌的名牌，因為保本比獲利更重要。

　　不要想一夜致富，等待是一種功課，只要選對雪球股，耐著性子長期持有，不隨股價波動進出，配了現金再買同一張雪球股，十五年後就可以一塊變成兩塊，這就是股神巴菲特的投資心法，其中選股也是關鍵之一，紫微無法推算名牌，還是要靠自己多

收集閱讀相關資訊，只要選對標的（雪球股），採用正確的投資心法，還是可以持盈保泰一輩子。祝福你！

		天梁 （24-33歲）大財帛	天同
巳	午	未	申
			財帛
辰			酉
鈴星 卯			戌
	擎羊		
寅	丑	子	亥

案例4：中年財運
（詢問時間2014年9月5日）

問題：

工作已近十年，一直未能存錢，請幫忙推算何時才有財運？

回覆內容：

財帛宮天同坐酉會擎羊、鈴星，行經24-33歲大限天梁在未，並非吉運，要運用去年（2013年）滄之建議的投資方法持盈保泰，等待未來的豐收。

34-43歲大限財帛宮行經廉貞天相在午，會大昌、大曲、大鉞，主人生變化的吉運，下個大限財帛宮將否極泰來，只要穩健理財，財富必然可以累積。

	廉貞天相	天梁	
巳	大（34-43歲）財帛 午	大（24-33歲）財帛 未	申
辰			天同 財帛 酉
鈴星 卯			戌
大昌 寅	擎羊 丑	大鉞 大曲 子	亥

案例5：投資運
（詢問時間2015年6月30日）

問題：

　　有朋友邀一起去越南投資，請幫忙推算何時較有成功的機會？

回覆內容：

　　天盤財帛宮天同坐酉會擎羊、鈴星，屬精神空虛性質的天同，目前仍屬天梁在未的大限（24-33歲），並非吉運，33歲前宜保守，不建議作風險性高的投資。

　　越南的確是繼中國之後，較有機會的熱門投資國家。明年（2016年）將跨到廉貞天相在午的大限（34-43歲），會大昌、大曲、大鉞，為變化較佳的運限，的確有放手一搏的機會。2016年流年財帛宮貪狼在辰，不宜精神空虛天同行經；2017年流年財帛宮巨門在巳，對宮太陽落陷，亦不宜空虛的天同行經，建議先觀察評估兩年，利用兩年時間至越南實地考察，蒐集相關投資財稅規章及政治風土人情。2018年流年財帛宮廉貞天相在午，流曲、流鉞同度，又會子宮大鉞、大曲，屬人生變化的吉運年，應是較適投資的

年限，惟不宜純投資，建議應親力親為參與
經營，才能增加成功的機會。加油！

巨門 （2017年）財帛 巳	廉貞天相 流曲 流鉞 大（34-43歲）財帛 （2018年）財帛 午	天梁 大（24-33歲）財帛 未	 申
貪狼 （2016年）財帛 辰			天同 財帛 酉
鈴星 卯			 戌
大昌 寅	擎羊 丑	大鉞 大曲 子	太陽（陷） 亥

第15章 健康篇

斗數推斷疾病，係以中醫五行陰陽相生相剋的本質為依據，例如：

紫微屬陰土，主脾胃、消化系統病

天機屬陰木，主肝膽、內分泌系統病

太陽屬陽火，主心、目、循環及神經系統病

武曲屬陰金，主肺、氣管、呼吸系統病

天同屬陽水，主膀胱、排泄系統病

廉貞屬陰火，主心火、婦病、循環系統病

天府屬陽土，主胃、口腔疾病

太陰屬陰水，主陰虛、腎病、生殖系統病

貪狼屬陽木，主肝膽、內分泌系統病

巨門屬陰土，主脾病

天相屬陽水，主膽病、排泄系統病

天梁屬陽土，主胃及乳房疾病

七殺屬陰金，主呼吸系統疾病

破軍屬陽水，主消耗性及生殖系統病

推算疾厄主要目的在於知其可能醞釀之疾病及可能發病之期，期能依疾病性質於事前調理，以避免病發。推斷時須打破12宮作通盤觀察，不論「病星」居於天盤任何宮垣，

即視為可能而醞釀的疾病，然後觀察「病星」是否落於大運或流年之疾厄、命宮、福德宮且受煞忌刑耗沖會，則為克應之期。如果身體已出現症狀，還是應立即至醫院檢查就診，以免延誤病情。

以下是筆者應用紫微協助命主推算健康狀況的實際案例。

案例1：先天可能罹患的病症
（詢問時間2012年2月1日）

問題：

　　有朋友告訴我紫微斗數可以用來推算可能罹患的疾病，真的嗎？請幫忙推算。

回覆內容：

　　天盤父母宮紫微天府同度，主脾胃腸臟疾病，會天相、左輔、右弼，屬百官朝拱，主脾土過重；命宮天機落陷，擎羊同度，主手足受傷；交友宮廉貞天相見火星，主結石；事業宮巨門見酉宮天同，主呼吸系統疾病；遷移宮天梁與天機對拱，主手足外傷或筋絡內傷，會亥宮太陽，主內分泌疾病，七殺居申宮主腸胃疾，見火星、地劫，主腸胃腫瘤。

　　以上係由天盤五行陰陽推斷的「病星」，換言之，如果有上述例舉的疾病癥兆，建議要提高警覺，惟也不需要太過神經

質，現代醫學發達，只要早期發現與治療，
一般的症狀都能處理。

巨門（平）權	廉貞(平) 天相(旺)	天梁（旺）	七殺（廟）
事業 巳	右弼 交友 午	遷移 未	左輔 疾厄 申
地劫 辰			天同（平） 財帛 酉
卯			戌
紫微（廟）天府（廟） 火星 父母 寅	天機（陷） 擎羊 命 丑	子	太陽（陷） 身 夫 亥

案例2：流年病症推斷
（詢問時間2014年3月5日）

問題：

　　最近也許是工作太忙，睡眠品質不佳且沒時間運動，常覺得身體僵硬且疲勞，請問身體是否可能有那些狀況？

回覆內容：

　　在前年（2012年）曾經推斷過先天上較可能罹患的疾病，包括脾胃腸、結石、呼吸系統、筋絡內傷、手足外傷、內分泌及傳染病等，以下推斷33歲以前可能醞釀的疾病供參考。

　　大限疾厄宮廉貞天相，地空同宮，見火星，可能會有結石方面的病症；福德宮天機落陷與月煞同度，見酉宮災煞，主易受手足之傷，今年（2014年）流年命宮廉貞天相，陰煞、地空同度，要特別注意結石方面的問題；流年疾厄宮天機，流陀、月煞同度，要注意可能會受手足之傷的克應，切記平時手足勿做過大的動作，運動前要做足暖身的時間。經由紫微推斷結果，了解可能會發生的病症，預先準備以利趨吉避凶，才是算命最

正確而有意義的目的。祝福你！

巳	廉貞（平）（旺）天相 　　陰煞地空 （2014）年命 大（24-33歲）疾厄 午	未	申
地劫 辰			災煞 酉
   卯			 戌
火星 寅	天機（陷） 　　流陀 　　月煞 年（2014）疾厄 大（24-33歲）福德 丑	子	亥

案例3：呼吸系統病症推斷
（詢問時間2015年5月15日）

問題：

　　最近常常覺得胸口悶，爬樓梯就氣喘如牛，沒感冒卻有痰且常會咳嗽，請推斷是否會有呼吸系統的病症發生？

回覆內容：

　　在2012年曾經幫你算過推斷過先天上可能罹患的疾病，其中確實有呼吸系統這方面的瘤疾。依大限推斷結果，在33歲前應該不至於會有這方面的狀況。但，明年（2016）將進入下個大限（34-43歲），大限疾厄宮巨門在巳沖會酉宮災煞、丑宮月煞，可能為克應的大限，要特別注意2018年流年疾厄宮同樣行經巨門在巳，沖會丑宮月煞及酉宮災煞，為克應的流年。所以，從此刻起確實要留意呼吸系統方面的狀況，建議每年都要做X光等呼吸道的檢查，預防勝於治療，依推斷結果，這個大限在2018年以後就沒有呼吸系統疾病的徵驗。祝福你！

巨門（平）權 年（2018）疾厄 大（34-43歲）疾厄 巳	午	未	申
辰			災煞 酉
卯			戌
寅	月煞 丑	子	亥

188

第16章 運勢篇

紫微斗數天盤12宮，可以推斷命造的基本格局，但格局好，未必每個年限都好；格局不好，未必每個年限都不好。所以，大運、流年的推斷更有積極意義，才是論命的主要目的（命不可改，運可改）。

圖16.1為一陰男的命造，當在24~33歲時，大限命宮在癸亥宮（即天盤之「夫妻宮」），由癸亥逆排壬戌宮為大限兄弟宮、辛酉宮為大限夫妻宮……甲子宮為大限父母宮，依天盤各宮垣60星系組合基本性質，推斷24~33大限之吉凶。

2015乙未年，流年命宮在未（即天盤之「遷移宮」），由未宮逆排戊午宮為流年兄弟宮、丁巳宮為流年夫妻宮……庚申年為流年父母宮，依天盤各宮垣60星系組合基本性質，推斷流年之吉凶。

凡有「流曜」的星曜，除非天盤星曜與流曜沖會（力量加強），否則天盤星曜作用不大，推斷時以「流曜」為主。

筆者採用之流曜計有依大限命宮宮干（流年年干）所取流曜：流四化、流祿（祿存）、流羊、流陀、流魁、流鉞、流昌、流曲；依大限命宮宮支（流年年支）所取流曜：流馬、年解。

限於篇幅及本書編輯目的，將60星系經行12宮的反應一一羅列，並不可行，有志研究紫微斗數的讀者，應繼續深入探討。

年夫妻 大遷移 84-93 事業 丁巳	年兄弟 大疾厄 74-83 交友 戊午	年命 大財帛 64-73 遷移 己未	年父母 大子女 54-63 疾厄 庚申
年子女 大交友 94-103 田宅 丙辰	姓名：先生 年齡：33歲 陰男 西曆：1983年6月14日10時 農曆：癸亥年5月4日巳時 盤類：天盤、大限、流年 命局：金四局		年福德 大夫妻 44-53 財帛 辛酉
年財帛 大事業 104-113 福德 乙卯			年田宅 大兄弟 34-43 子女 壬戌
年疾厄 大田宅 114-123 父母 甲寅	年遷移 大福德 4-13 命宮 乙丑	年交友 大父母 14-23 兄弟 甲子	年事業 大命 24-33 身夫妻 癸亥

圖16.1

Part 3 幸福人生的智慧

第17章 老子篇

歷史上封為「至聖先師」的孔子，自三十歲即自創私塾，廣收門生、有教無類，孔子的確很有知識與學問，但，在當時已名滿天下，知識和思想都已相當成熟的孔子並不快樂（命宮好，福德宮不好），對生命也有很多疑惑，他尋求解惑的神秘人物就是「老子」。老子在當時沒沒無聞，只是周王室國家圖書館的管理員，唯一的著作「道德經」（老子口述，由門徒整理）內容鬆散，以物理學來觀察社會和人事現象，如同「天書」，真正看得懂的不多。

老子蔑視僵化、權威的道德規範，認為合乎物理學、順其自然的，才是真理，人生的痛苦都來自於慾念，欲念來自於自我，自我便是地獄，只有移掉自我，天堂才能浮現。

茲摘錄老子「道德經」中，筆者認為對開啟人生智慧極有助益的部分供讀者參考：

一、「道沖，而用之或不盈」

道就是空，所以會耗之不盡，任何「有」，不管有多少，都會用盡，這個空便是自然，只有自然反而是取之不竭、用之不盡的。空不會拒絕任何東西，它接納一切，沒有自己的意見，所以沒有焦慮、懇求，只有無限可能、享受和快樂。

二、「曲則全，柱則直」

宇宙沒有直線，所有星球都是球形，運行也是曲線，只有曲線才能繞回原處，成為圓圈，這個圓圈便是全，所以委

曲才能求全。

三、「道常無為而無不為」

努力自然是必要的，但努力到不刻意的努力，能量才能爆發。企圖心越大的人，反而常有挫折和反制，最後往往鬱卒一生。真理和人心，常是相互衝突的，「無心插柳柳成蔭」，才是成功之道。

四、「反者道之動」

能夠用相反的眼光來看，反而容易領悟真理。強者會被群起攻之，表面越強，危機越大，爆發的成功經常很快就失敗，只有安靜、默默耕耘、一步一腳印的人，會淵源流傳。

五、「致虛極，守靜篤」

虛的極致才有無限的力量，守住寧靜的核心，才是維持有效運作的主力。虛心才能充實，驕傲自滿是失敗的主因。靜才是生命的起源、自然的力量，能體會這股力量，才是真正的有智慧。

六、「江海之所以能百谷王者」

能夠包容，累積所有力量時，才能是最大的力量。喜歡抗爭，逆勢而為者，只是在消耗能量，不會有實力，實力必須靠累積。水往低處流，完全依照自然法則，從不浪費能量，才能完全累積能量，有容乃大。

第18章 紫微人生

紫微12宮次對應人生面相，12宮次若成平衡狀態，有如正圓順利轉動；12宮次若不平衡，有如圓無法順利轉動，一生運程困厄多災難。

人來到這個世界上，只有兩件事，生和死。一件事已經做完了，另一件你還急什麼呢？有緣而來，無緣而去。該來的，自然會來，不該來的，盼也無用，求也無益。有緣不推，無緣不求。來的歡迎，去的目送。一切隨緣，順其自然。有智慧的人，從來不活在別人的嘴裡，也不活在別人的眼裡。識自本心，見自本性，不起妄緣，無心無為，自由自在，動靜自如，冷暖自知，當下就是修行。人，不能做得太假，假了難以交心。人生最大的痛苦就是心靈沒有歸屬，不管你知不知覺，承不承認。心存美好，則無可惱之事；心存善良，則無可恨之人；心若簡單，世間紛擾皆成空。做好人，身正心安魂夢穩；行善事，天知地鑒鬼神欽。

真正的平靜不是你靜坐可以幾個小時不起，而是用一顆平和的心態看人間萬象，聽花開的聲音。坐亦禪，行亦禪，緣起即滅，緣生已空。人生中出現的一切，都無法佔有，只能經歷。我們只是時間的過客，總有一天，我們會和所有的一切永別。眼前的，好好珍惜；過去的，坦然面對。該來的，欣然接受！

前中華開發金控董事長陳敏薰，在場演講中首度透露生活秘辛。陳敏薰說，多年前莫名其妙生了一場病，是一種癌症，連學醫的媽媽都認為絕望了，一剎那「什麼都帶不

走」，改變了她的一生，讓她體會到簡單生活的可貴。她認
為：

金也空，銀也空，死後何曾在手中。

妻也空，子也空，黃泉路上不相逢。

田也空，地也空，換過多少主人翁。

名也空，利也空，轉眼荒郊土一封。

39年前的今天，蘋果聯合創始人Wayne（韋恩）把自己
的股份以八百元賣給Jobs（賈伯斯），而今天這部分股權
價值 580 億美元。賣掉股票的韋恩還活著，擁有巨大財富
的賈伯斯卻走了，如果讓你選擇，此時此刻的你，喜歡自己
是韋恩還是賈伯斯……。

人生的十字路口一定要停看聽，多諮詢具有生活智慧的
前輩（不一定是老人：有的老人只會倚老賣老，活到老死仍
不懂人生真正的智慧）；有經驗及職業道德命理師亦可列
入考量。如果作了不利的抉擇，斷然煞車重新回到十字路
口（代價可能很大且仍冒再選擇錯誤的風險）並非惟一選項
（違反倫常法律除外）；了解不利的本質後，以造命的方式
調整（命不可改，運可改），應為積極且代價較小的選項。

人生本為苦海，每個生命都被劃上一道缺口，有人夫妻
恩愛、月入數十萬，卻無子嗣；有人才貌雙全，感情路卻坎
坷多厄；有人家財萬貫，子孫卻因財爭訟，滄桑苦難就是提

醒我們要謙卑。不用羨慕有權有勢的人，12宮平衡才是圓滿人生，最後祝福各位讀者都能擁有圓滿的紫微人生。

國家圖書館出版品預行編目資料

應用紫微解析人生 / 李滄之著
　--初版-- 臺北市：博客思出版事業網：2016.03
　ISBN：978-986-5789-90-9（平裝）
　1.紫微斗數

293.11　　　　　　　　　　　　　　　105000171

星象命理系列 3

應用紫微解析人生

作　　　者：李滄之
編　　　輯：塗宇樵
美　　　編：塗宇樵
封面設計：塗宇樵
出 版 者：博客思出版事業網
發　　　行：博客思出版事業網
地　　　址：台北市中正區重慶南路1段121號8樓之14
電　　　話：（02）2331-1675或（02）2331-1691
傳　　　真：（02）2382-6225
E—MAIL：books5w@yahoo.com.tw或books5w@gmail.com
網路書店：http://bookstv.com.tw/ http://store.pchome.com.tw/yesbooks/
　　　　　http：//www.5w.com.tw、華文網路書店、三民書局
　　　　　博客來網路書店 http：//www.books.com.tw
總 經 銷：成信文化事業股份有限公司
電　　　話：02-2219-2080　　傳 真：02-2219-2180
劃撥戶名：蘭臺出版社 帳號：18995335
香港代理：香港聯合零售有限公司
地　　　址：香港新界大蒲汀麗路36號中華商務印刷大樓
　　　　　C&C Building, 36,Ting, Lai, Road, Tai,Po, New,Territories
電　　　話：（852）2150-2100　　傳真：（852）2356-0735
總 經 銷：廈門外圖集團有限公司
地　　　址：廈門市湖裡區悅華路8號4樓
電　　　話：86-592-2230177　　傳 真：86-592-5365089
出版日期：2016年3月 初版
定　　　價：新臺幣320元整（平裝）
ISBN：978-986-5789-90-9